বাঁধা নয় রক্ত

পীযূষকান্তি বিশ্বাস

ডিজিট্যাল প্রিন্টিং

এইচ ৪ / ৭ বি, মহাবীর এনক্লেভ , নতুন দিল্লি-১১০০৪৫

প্রথম প্রকাশ, ২৬ শে জানুয়ারী ২০০৮

বাঁধা নয় রক্ত

BANDHA NOI ROKTO
A Collection of Poem

মূল্যঃ এক শত পঞ্চান্ন টাকা মাত্র (পেপার প্যাক)
Rs. 155.00/- only (paper pack)
তিনশত পনের টাকা মাত্র (হার্ড কভার)
Rs. 315.00/- only (hard cover)

দূরাভাষঃ +৯১-৯৯৯৯৪৩২৫১৬,+৯১-৯৮৭১৬০৩৯৩০

প্রচ্ছদঃ অনলাইন ডিসাইন, ওয়ার্ড টেমপ্লেট

অক্ষর বিন্যাসঃ
বিউটি বিশ্বাস
এইচ ৪ / ৭ বি, মহাবীর এনক্লেভ
নতুন দিল্লি-১১০০৪৫

প্রকাশকঃ

বিউটি বিশ্বাস
দূরাভাষঃ +৯১ ৯৯৯৯৪৩২৫১৬
বি ১, এইচ ৩ /৮১ , বাঙ্গালি কলোনী, মহাবীর এনক্লেভ, নিউ দিল্লি
ইপত্রিকা প্রকাশনী , মাইক্রোসফট ওয়ার্ড পিডিএফ প্রিন্টিং দ্বারা মুদ্রিত

উৎসর্গঃ

বন্ধু সুজন সেই আমাদের কিশোর পারে মনের মেলা
দুদিন লাগি ভালোবাসা দুদিন পরেই বিদায় বেলা ।
সেই যে কবে আঁধার পথে ঘর ছেড়েছি একলা পথিক
দূর অচেনার হাতছানি কার আহ্বানে কার নৈসর্গিক ।
জয়দেব কুনাল পলাশ পুলক পার্থ প্রলয় প্রসেনজিত
ক্ষীতিশ বিকাশ সুনীল সুধীর সন্দীপ ওঝা দেবজিত ।
বন্ধু সুজন একলা পথেই সেই আমাদের পরিচিতি
মনে পড়ে প্রথম সেদিন স্বপ্নে ভরা পলতা বীথি ?

সূচীপত্র

কিছু কথা

সকলে কবি নয়, কেউ কেউ কবি, কথাটি সর্বজনস্বীকৃত সত্য। পাঠকবন্ধুরা সকলেই তাঁদের উপলব্ধির ভিত্তিতে বিচার করেন কোন কবিতা গ্রহণযোগ্য আর কোনটি নয়! কোন কবিতাটি তাৎপর্যপূর্ণ কিংবা কোনটি ছন্দানুসারী; আবার কোনটি অর্থহীন কিছু কথার সমষ্টি মাত্র। আসলে বিশ্বব্রহ্মাণ্ডের দেখা অদেখা সমস্ত বিষয়বস্তু কবির হৃদয়কে স্পর্শ করে ভাবনার আলোড়ন তুলতে পারে এবং নতুন কিছু সৃষ্টির জন্য উৎসাহিত করতে পারে।

তাই বলা যায় কবির মনোজগৎ এক উন্মুক্ত বাতায়ন আর তাঁর মধুময় কলমের স্পর্শে পাঠকমহলে সৃষ্টি হয় এক স্বপ্নময় অনুভূতি। যে কবির পাঠক মনে যত বেশী ব্যাপ্তি কালের বিচারে তার বিস্তারও তত বেশী। তাই আমরা নিয়ত পরিচিত হই নতুন নতুন লেখকবন্ধুদের সঙ্গে যারা তাঁদের স্বপ্ন কাজলে এঁকে দেন আমাদের হৃদ্দেশে নতুন এক সৌভিক অনুভূতি। তেমনই এক তরুণ কবিকে আমরা পেয়েছি যিনি মাত্র ১৭ বছর বয়সে বিমান বাহিনীতে যোগদান করেন। তিনি নিয়ে এসেছেন তাঁর সামরিক অভিজ্ঞতার ডালি এই কাব্যগ্রন্থের মাধ্যমে। গ্রন্থকার শ্রী পীযূষকান্তি বিশ্বাস এর জন্ম পশ্চিমবঙ্গের এক প্রত্যন্ত গ্রামে। পিতা স্বর্গত শ্রী জ্ঞানেন্দ্রনাথ বিশ্বাস অবসর সময়ে ভক্তিগীতি রচনা ও পরিবেশনা করতেন। আর অগ্রজ শ্রী পলাশকান্তি বিশ্বাস একজন সুপরিচিত কবি ও সাহিত্য বোদ্ধা। এই পারিবারিক পরিমণ্ডল একদিকে আর অন্যদিকে সামরিক জীবনের অভিজ্ঞতা পীযূষকান্তিকে কবিতা রচনায় সতত উদ্দীপিত করেছে; সেই সঙ্গে বাংলার কাব্য ভাণ্ডারে যুক্ত করেছে বেশ কিছু যুদ্ধ ভিত্তিক কবিতা এবং সেই সব সংগ্রামী জীবনের বিবিধ কাহিনী ও নিত্যদিনের অভিজ্ঞতা।

তাই তাঁর 'জীবাশ্ম' কবিতায় পাই এক সৈনিক জীবনের উপলব্ধি: "বেয়নেটের ফলাকায় মাখানো অচেনা বিষ / ঘাড়ের পরে অহরহ বুলেটের নিঃশ্বাস / গ্রন্থিতে গ্রন্থিতে আর ডি এক্সের ধোঁয়া বাঁচিয়ে/ তোমার সিঁথি যে আজও এক পাহাড়ি নদী/তুমি যে আজও কোন কুমারী নারী...।।" সৈনিক জীবনের অর্পিত কর্তব্য বনাম হৃদয় উদ্বেলিত প্রেমের বাস্তব ছবি আমরা দেখতে পাই কবির অনেক কবিতার ছত্রে ছত্রে; যেমন "বিকানীরের বৈকালে বিশাল

দিগন্তে ক্লান্ত নোনতা ঘাম লু হাওয়া লুটে খায়/ তোমাকে আমার তখন মনে পড়ে অসীমা, অ্যাংকলেট বুটপায়ে নেমে পড়ি রাস্তায়..." (বিকানীরের সূর্যাস্ত)। "মিগ টুয়েন্টি ওয়ান" কবিতায় কবির বিদ্রোহী মন তুলে ধরেছে এক চিন্তনীয় প্রশ্নঃ "আমি বড় হয়রান সাগরিকা , কিংকর্তব্যবিমূঢ় !/ কিসের যুদ্ধ এ ? কাদের লড়াই ?/ নিজেরই বুকে ক্ষত নিয়ে কৃত্রিম সীমানার বড়াই ?/ আমায় তুমি নিয়ে চল /কোথাও হারিয়ে যাই জলঙ্গীর পারে/সবুজের ভিতরে , কোন ধান ক্ষেতের মাঝে/ যেখানে কোনো কৃত্রিমতা নেই..." জীবনে অনেক সময়ে আমাদের পরিশ্রম অর্থহীন হয়ে পড়ে, যদিও পরিশ্রম এক নিত্যনৈমিত্তিক জীবনধর্ম । কর্মক্ষেত্রে বা সংসার জীবনে বিনা পরিশ্রমে ফল মেলে না, এ কথা জানা স্বত্বেও পরিশ্রমী জীবনকে বেছে নিই । কবিও নিয়েছেন, কিন্তু তবুও দেখি কখনো কখনো হতাশা তাঁর হৃদয়কে স্পর্শ করে গেছে , যখন দেখি তিনি লিখেছেন , "গর্দনটা নিচে ঝুঁকিয়ে দেখলে মাটি দেখা যায় / যেখানে ঝরে পড়ছে প্রতিদিন / পরাজিত ঘাম " (শিল্প দেওয়াল) , এ এক অদ্ভুত বাস্তব অনুভূতির স্পর্শ ।

বিশ্বজুড়ে আমরা যে সংগ্রামের ছবি নিত্য দেখি তা এক মানব জীবনের বেদনাভরা আলাপন । দেশে দেশে মানুষে মানুষে সখ্যতার অভাব এবং ক্ষমতার আস্ফালন ও বৈরী মনোভাব পারিপার্শ্বিক আবহাওয়াকে বিষিয়ে তুলেছে। তার অবশ্যম্ভাবী পরিণতি হলো জীবন ও সম্পদের অবক্ষয় । ফলতঃ দেশের ভিতরে বাইরে নানা কারণে নিয়ত দ্বন্দ্বের সৃষ্টি । কবি শ্রী পীযূষকান্তি পাঠক বন্ধুদের সামনে এক মূল্যবান প্রশ্ন তুলে ধরেছেন তাঁর "বুটে বুটে জড়িয়ে যায়" কবিতায়..."ভূ-ফোড়ে জানকীর / প্রতিনিয়ত শহীদ প্রসব/ হা ঈশ্বর, কে নিয়ে আসে এদের সংগ্রামী মৃত্যু ? ..." এক চিরন্তন জিজ্ঞাসা যার উত্তর হয়ত মানুষের আজও অজানা তাই তা তিনি ঈশ্বরের কাছেই তুলে ধরেছেন ।

কবিতা নিয়ে বিশেষ পরীক্ষা - নিরীক্ষার শুরু রবীন্দ্র পর্বের শেষ দিক থেকে যখন কিছু নতুন কবি তাঁর অসাধারণ কবিত্ব প্রতিভার প্রতি অঙ্গুলিসংকেতের মাধ্যমে নিজেদের গুণবত্তা কে সমাজে প্রতিষ্ঠিত করতে সচেষ্ট হয়েছিলেন; এবং তা প্রথম মহাযুদ্ধের সময় থেকে দ্বিতীয় মহাযুদ্ধকাল পর্যন্ত খুবই প্রকট হয়ে উঠেছিল । ভিক্টোরীয় যুগের ইংরেজি কবি জিরার্ড ম্যানলে হপকিন্স সনাতন চিন্তাধারার অবসান ঘটিয়ে নিয়ে আসলেন আধুনিক ভাবধারা ।

তাঁকে অনুসরণ করে এগিয়ে এসেছিলেন মহিলা কবি এমি লাওয়েল এবং আরও অনেকে । ইংল্যান্ডে জন্ম নিলো 'ইমাজিস্ট' গ্রুপ । বাংলা সাহিত্যেও অনুরূপ চিত্রের প্রতিফলন দেখতে পাই এবং সে যুগের বহু নামী-দামী কবিকে আমরা পেয়েছি আধুনিক কবিতার স্রষ্টা হিসাবে । তাঁরা বাংলা কাব্য জগতে রবীন্দ্রধারাকে অগ্রাহ্য করে নতুনত্বের সন্ধানে ব্রতী হওয়ায় সমালোচনার ঝড় উঠেছিলো একথা যেমন সত্যি, তেমনি পাঠক পেয়েছিলো নতুনত্বের আস্বাদন - ছন্দে, বিষয়বস্তুতে, ভাষায় ও প্রকাশভঙ্গীতে । বর্তমান কাব্যগ্রন্থে শ্রী পীযূষকান্তি বিশ্বাস সেই নতুনত্বের ডালি আমাদের উপহার দিয়েছেন যা পাঠকমনে এক অভিনব ছাপ রেখে যাবে বলে বিশ্বাস করি ; বিশেষ করে সমগ্র গ্রন্থটি হয়ে উঠেছে সামরিক জীবনের এক বাস্তবানুভূতি ও তার মূল্যবান চিত্রকল্প ।

আনুমানিক ২০০২ সালে যখন শ্রী পীযূষকান্তি প্রথমবার আমার সঙ্গে আলাপ করতে এসেছিলেন । তখন তাঁর কয়েকটি কবিতার মাধ্যমে তাঁর কাব্য প্রতিভার পরিচয় আমি পেয়েছিলাম । প্রতিভার মুকুলটি যাতে তার বিশেষত্ব বজায় রেখে প্রস্ফুটিত হয়ে ওঠে সে জন্য নিয়ত তাঁকে উৎসাহিত করে এসেছি । আস সে পুষ্পবৃক্ষ আপন মাধুর্যে বিদ্যমান ।

তাই গ্রন্থকার শ্রী পীযূষকান্তি বিশ্বাসকে জানাই সুদীর্ঘ ও সাফল্যময় কাব্যজীবনের আন্তরিক শুভেচ্ছা ।

২ জানুয়ারী ২০০৮   দিলীপকুমার বন্দোপাধ্যায়
নতুন দিল্লি   (সম্পাদকঃ কথাঞ্জলী)

আমার কৈফিয়ৎ

এরকম একটা বই করব , কোনদিনেই ভাবিনি । এই লেখাগুলো নিয়ে কি করব সে রকম কোন পরিকল্পনাও ছিলো না । লিখেছি, শুধুই একান্তে; নিজেই ছিলাম তার নিজস্ব সীমানা ; সেগুলো প্রকৃতপক্ষে উপযুক্ত লেখা হয়ে উঠবে কিনা তা নিয়ে সংশয়ে ছিলাম আর হাতও বাঁধা ছিলো, কলম ও ছিলো সরকারের কাছে বাঁধা, কোন লেখা ছাপতে দিতে পারতাম না । মূলতঃ তখন ছিলাম বাংলা থেকে অনেক যোজন দূরে, যেখানে সাহিত্য পৌঁছোতে আলোকবর্ষ নিয়ে নিতে পারে বলে মনে হতো ।

আমি তখন সাহিত্যবর্জিত যুদ্ধক্ষেত্রে নিজেকে কন্সট্যান্ট প্রমাণ করার জন্য অন্যান্য ভাষাভাষীদের সাথে কদমে কদম মিলিয়ে ভারতীয় বিমান বাহিনীতে প্যারেডের টার্নআউট করছি । আর ডিফেন্সে কাজ করার জন্য একটা রুল সব সময় মানতে হয়েছে কাজ করে তা হলো - হেডকোয়ার্টার কে না জানিয়ে কেউ প্রিন্ট মিডিয়াতে কিছু লিখতে পারবে না । সুতরাং কলমে তালা লাগিয়ে এটিসির টাওয়ারে বা অপস রুমের প্লটিং বোর্ডে পেন্সিল ঘষাঘষি করছি ।

মাত্র ১৭ বছর বয়সেই পথের ঢেলা পায়ে ঠেলে ব্যাঙ্গালোর ই টি আই তে লেফট রাইট সতীর্থ দের সাথে মার্চ করে চলেছি, তাঁদের কেউ আজ অবসরে গেছেন, কেউ কেউ বা শহীদ হয়েছেন । সেই রাত্রিব্যাপী গার্ড ডিউটি, সেই যুদ্ধক্ষেত্রে গোলাবারুদ , প্যারেড গ্রাউণ্ডে বোম্ব ব্লাস্ট - এসবই ছিলো ঘটনাবহুল দিনলিপি যা এখনো তাজা স্মৃতি, লিখতে গেলে সম্পূর্ণ ফায়ারিং রেঞ্জ জুড়ে ভরে যেতে পারে লাল অক্ষর । সুযোগ হয়নি কিংবা হয়ত আইনের বাঁধা হাতে কলমও বাঁধা পড়েছিলো । এক দুবার নিজেরই বিরুদ্ধে এই বায়ুসৈনিক বিদ্রোহ করেনি তা নয়, যুদ্ধক্ষেত্রের লগ বুকে এঁকেবেঁকে লিখেগেছি আবেগের গল্পকথা, হৃদয়ের গভীরের আওয়াজ ছবির মত ধরে রেখেছি ডায়েরীর পাতায় । মনে হয়েছে কেন এই যুদ্ধ ? কেন এই যুদ্ধের জন্য ওঁত পেতে থাকা ? বার বার মনে হয়েছে সভ্যতার এ কোন দিক দর্শন ? বরং মনে হয়েছে ফিরে যাই চূর্ণির পারে যেখানে আমার কৃষক পিতা ছোট্ট পরিসরে ধানের জমিতে সবুজের ঘ্রাণ নিত । মনে হয়েছে বার বার ফিরে যাই সেই ধানক্ষেতের মাঝে যেখানে দেশের কোন সীমানা নিয়ে

উৎকণ্ঠা নেই, নেই গোলাবারুদের কোন রাজনীতি, নিজের ভাব প্রকাশে বা কবিতা ছাপতে কোন মিলিটারি আইন কলমকে আটকে রাখে না ।

সেই স্বাধীনতার জন্যই হোক আর সার্বভৌমিকতা রক্ষার জন্যই হোক, সেনাবাহিনীতে সৈনিককে অধীন হয়ে থাকতে হয় কঠিন নিয়মানুবর্তিতার , সমস্ত দেশকে স্বাধীন রাখতে গিয়ে এক সৈনিককে উর্দির আবরণে বন্দী হয়ে থাকতে হয় সারা বছর । দেশবাসীর চোখে নিশ্চিন্ত ঘুম আনার জন্য সীমানায় সীমানায় সৈনিক ঘাম ঝরিয়ে যায়, নিজের ইচ্ছা, ভালোলাগা গার্ডরুমের পিছনে গচ্ছিত রাখতে হয় । এই সব অনুভূতি ও অভিজ্ঞতা আমাকে দু এক লাইন লেখার জন্য বহুদূর টেনে নিয়ে গেছে, তবু আমি সেই সব লেখালেখি বাক্সবন্দীই রেখে গেছি, আজ কয়েক দশক অতিক্রান্ত হলো, পুরানো ডায়েরীর ছেঁড়া পাতাগুলি হাতড়ালে আমি আবার সেই সব অভিজ্ঞতাগুলির মুখোমুখি হই, সেই সব ছেঁড়া ছেঁড়া পাতা আমি সুতোয় গাঁথি, কিছু কিছু লাইন নাকি তার কবিতাও হয়ে যায় ।   এই সব জেনেছি যখন কিছু কিছু লেখা দিল্লির লিটল ম্যাগাজিন গুলো ছাপতে শুরু করে ।

এমনিতেই দিল্লিতে বাংলা কবিতার পাঠক সংখ্যা কম । একটি দুটি ছোট সাহিত্য সংস্থা পার্ট টাইম কবিদের নিয়ে আড্ডা বসায়, সেখানেই আমার কবিতার প্রথম প্রকাশ । অধিকাংশ লেখাগুলি তখনো বাক্স বন্দী । মূলত: এই সব লেখাগুলি আমার বায়ুসৈনিক কর্মকাণ্ড, মিলিটারি প্রোসিজিওর, প্যারেড, শুটিং রেঞ্জ, আর্মি যুবকদের ব্যর্থ প্রেম কাহিনী নিয়ে যা আমার নিজে দেখা অভিজ্ঞতা বা নিজের অনুভব করা চিত্রকল্প । এই লেখাগুলি ১৯৯৪ থেকে ২০০৩ সালের মাঝামাঝি আমার এয়ার ফোর্সের বিলেটে বসে লেখা মাঝখানে আমি আর তেমন কিছু লিখিনি। তবে বিভিন্ন ফোরামে এই কবিতাগুলোই আমি পাঠ করতাম । দু একটি পত্রিকায় ছাপাও হতো, পাঠক বেসও পড়ে উঠেছিলো আমার । কোন কোন কবি বন্ধু আমার এই লেখাগুলি পড়ে আমাকে যুদ্ধের কবি বলেও আখ্যা দিতে চাইলেন আর আমি অনুপ্রাণিত হয়ে সিদ্ধান্ত নিলাম, এবার আমি আগুনের মধ্য দিয়ে যাব , যে ভাবেই হোক, একটা বই বের করব যেখানে সব কটি কবিতাই হবে আমার সেই বায়ুসেনিক জীবনের কুড়িয়ে নেওয়া দিনগুলিকে কেন্দ্র করে । এই বইটি তাই নিজের দিনলিপিকেও ধরে রাখার জন্য আর সেই মৃত ও জীবিত সৈনিকদের প্রতি আমার শ্রদ্ধা জ্ঞাপন করার একটি ছোট্ট প্রয়াসও হবে ।

আমার এই কবিতাগুলি সত্যিই কবিতা কিনা তা পাঠক এবার মূল্যায়ন করবেন এটাই আমার বিশ্বাস এবং এই ধরনের লেখা পরবর্তীতে আরো লেখা যায় কিনা তারও একটা মতামত পাওয়া যেতে পারে বলে একটা আবেদন পাঠকের কাছে আমি রাখতেই পারি । বিশেষ ধন্যবাদ দেব তাঁদেরকে যারা আমাকে এই বইটি করার জন্য উৎসাহ জুগিয়ে এসেছেন । আমার অগ্রজ শ্রী পলাশকান্তি বিশ্বাসও আমাকে সাহস জুগিয়ে এসেছেন এবং তাঁর সহযোগিতায় কলকাতার এক কয়েকটি লিটল ম্যাগাজিনে আমার কবিতা ছেপেও বেরিয়েছে; কিন্তু আমি সেই অর্থে কবি হয়ে উঠিনি । এই নামের একটি গ্রন্থ আমি কম্পিউটারে ছেপে হাতে প্রিন্ট করা পুস্তিকা দিল্লির নাঙ্গালরায়া থেকে ২০০৮ সালে প্রকাশ করেছিলাম । এই কবছরে আরো কিছু কবিতা এখানে যুক্ত করে 'বাঁধা নয় রক্ত' গ্রন্থটি দ্বিতীয় বার প্রকাশ করতে চলেছি । আমাকে নিয়মিত কবিতা লেখার ভূমি প্রস্তুত করে দিয়েছেন "কথাঞ্জলী" পত্রিকার সম্পাদক শ্রী দিলীপ কুমার বন্দ্যোপাধ্যায়, "প্রতিভা পথিকৃৎ" পত্রিকার সম্পাদক ও দিল্লির এক মাত্র বাংলা প্রকাশক শ্রী গোপাল চন্দ্র পাল । এছাড়া আরো অনেকেই আমাকে সাহায্য করেছেন এই বইটি প্রকাশ করার জন্য তাঁদের সবার নাম আমি এখানে উল্লেখ করতে পারলাম না বলে একটু খারাপও লাগছে । তবুও বলি, তাঁদের শুভেচ্ছা ও উৎসাহদানই আমার অনুপ্রেরণার উৎস । তাই সকলকে জানাই আমার আন্তরিক শ্রদ্ধা ।

মহাবীর এনক্লেভ
নিউ দিল্লি ,৭ জানুয়ারী ২০১৩
পীযূষকান্তি বিশ্বাস

অস্ত্র সমর্পণ

করবো না মার্চ আর যাব নাকো ফ্রন্টে
শান বাঁধা রানওয়ে হোক উত্তপ্ত
নুন খেয়ে ধরি গান আরক্ত কণ্ঠে
বাঁধা হাত, বাঁধা মাথা, বাঁধা নয় রক্ত ।

লেফট রাইট পায়ে পায়ে বিদীর্ণ পৃথ্বী
পরমাণু বিক্রিয়ায় উবে যায় গন্ধ
করি নাকো পরোয়া সৈনিক বৃত্তি
মৃত্তিকার চুম্বনে হয় হোক বন্ধ ।

অপরাধ শিকারির, শিকার অনুতপ্ত
রক্তবীজের ঝাড় কুরুকুল বংশ
কার যুদ্ধ ? সীমা কার ? মাটি অভিশপ্ত
কার ভ্রান্ত প্রশ্নে দুপক্ষই ধ্বংস ?

হিমবাহ সত্য, ত্রেতা গলে সিন্ধু
যুগান্তর ভাঙ্গছে, দুপাড়েই গঙ্গা
প্রবাহ তো মানুষের - মুসলিম, হিন্দু
ওপারে সবুজ চাঁদ এপারে ত্রিরঙ্গা ।

জীবাশ্ম

তোমার পার্বত্য বক্ষঃস্থলে জিহ্বা স্থাপন করে
আমি অনুভব করতে পারি
তোমার রোমে রোমে জমে আছে
শতাব্দীর পর শতাব্দী প্রতীক্ষায়
কেলাসিত জমাট লবণ ।

বেয়নটের ফলাকায় মাখানো অচেনা বিষ
ঘাড়ের পরে অহরহ বুলেটের নিঃশ্বাস
গ্রন্থিতে গ্রন্থিতে আর ডি এক্সের ধোঁয়া বাঁচিয়ে
তোমার সিঁথি যে আজও যে কোন কুমারী নদী
তুমি আজও যে কোন এক কুমারী নারী ।

পথ চেয়ে বসে আছে বিবাহ বাসর ।

আমি উল্লসিত !
ছায়াহীন অস্থিমজ্জায়
টের পাই আমি শীতল উত্তাপ
তোমার নিঃশ্বাস আমার ডোরাকাটা উর্দি ভেদ করে
মিশে যাচ্ছে আমার শরীরে ।

সার্ভিস যার নো লঙ্গার রিকোয়ার্ড
করেছি শোধবোধ বিংশ বছরের ঋণ
অস্ত্র দিয়েছি ফেলে, উর্দি দিয়েছি খুলে আজ
এখন আমার উত্তপ্ত অলিন্দে, তোমার খোলা বুক
তোমার আর্দ্র চোখে আমার স্বপ্ন স্বাধীনতা ,

তোমার হাতে রেখে হাত,
কপালে আটকে রেখে হাড় সাদা করোটি
গভীর তৃষার্ত চোখে ডুবিয়ে

অস্থিহীন চোখ
এক চুমকে শুষে নিয়ে সমস্ত কামনা
কানে কানে তোমার কাছে একটা কথাই
বলতে এসেছি

আর পারছিনা কবিতা,
আমার পিপাসিত এই হৃদপিণ্ডে
তোমার শরীর থেকে একবিন্দু রক্ত ছুঁয়ে দাও

আমার অশরীরী আত্মা
জীবাশ্ম হয়ে যাক ।

বুলেটের গতি

কানের পাশ দিয়ে ছুটে যাওয়া বুলেটের গতিতে
কোন রোমাঞ্চ দেখি না ।

'গুডুম' শব্দের কোন অর্থও হয় না
ওরা ক্যালকুলাসের লিমিট থেকেও দুর্বোধ্য
পরিযায়ী পাখীর মত দেশ মাটি ফেলে দিয়ে
দিগন্তের রক্তরাঙা গোধূলি পার করে যায় ।

কিংবা এই ধরো, বাদামি ধোঁয়ায় আটকে থেকে
বন্দুকের নলের ভিতর নিস্তেজ জেগে থাকা
ঊর্ধ্ব-দৈহিক প্রেমে নিমগ্ন একঘেয়ে গৃহবধূর মত ।

ব্যতিক্রম শুধু,
একদল দৌড়বাজ অশ্বের ক্ষিপ্রতায়
দু-কনুই মাটিতে গেঁড়ে,
টান টান তপ্ত লৌহ-জ্জ্বা দুখানি বিছিয়ে দিয়ে
শীতল রণভূমির মাটিতে যখন একদল বুলেট
আকাশ পাতাল ধামাকা করে এক মেশিনগান থেকে
ছিটকে বের হয়ে যায়
পড়ে থাকে যৌন তৃপ্ত রিক্ত ম্যাগাজিন...

এসব ঠিক গুলি-বারুদ দিয়ে বোঝানো যাবে না
রক্ত দিয়েও না, শব্দ দিয়েও হয়তো না ।

কিছু অর্ধদগ্ধ বাদামি ধোঁয়া ,
কিছু সালফার ডাই অক্সাইড, কিছুটা কার্বন
ওরা মিশে থাকে রণভূমির আকাশে
মিশে থাকে যুদ্ধ শেষে ঘরে ফেরা সান্ধ্য বাতাসে
ঘাড়ের পরে অহরহ
বেয়নটের জেগে থাকা নিঃশ্বাসে ।

হীরানগর রেঞ্জ

পথে পড়েছিল মার্চ নাছোড়বান্দা রফতারে
এক দো এক, এক দো এক
ধোঁয়াতে ঘুরপাকে আবাউট টার্ন
পিতল শৃঙ্গারের আহ্বান আর
বাতাসে ধূপের সিগনাল
এক পা দুপা এগিয়ে আসছিলো
শত ছিদ্র সারা গা জ্বলে পুড়ে যাওয়া টার্গেট ।

ডিটেল লোড !

আতিপাতি হাত পা ছুঁড়ে
সালফার-ডাই অক্সাইড সাঁতরিয়ে
বুকের গভীরে ডুব দিলে
উঠে আসে হিম শীতল খনিজ অনুভূতি
অতল গভীরে লেয়ারে লেয়ারে জেগে থাকে তার গতিবেগ
বুলেটের শায়িত মৃতদেহ

পিতল পিচ্ছিল শরীর
ঢাকা দিয়ে রাখে হলুদ-বরণ ঘুম ...
যেখানে সিক্সপ্যাক চাঁদমারি ,
দাঁড়িয়ে ঠাই হীরানগর রেঞ্জ
লাইন বাই লাইন
তুমি , আমি, নায়েক শতীশ কুমার,
হাবিলদার গাইকোয়াড়

ট্রিগারে আঙুল
সন্ধ্যার বাতাসে বাদামী অক্সিজেন যেন
একদল হরিণ ছুটে যায়
নাভির নিচে গনগনে আগুন সামলিয়ে একটানে

মরুভূমির গন্ধে
আগামী লোনাবালার নিঃশ্বাস বুকে টানি ...

ডিটেল ফায়ার !

এখানেই অর্গাজম ! সুইটস্পটে পাঁচ পা রেখে
বালিয়াড়ির উপর বিশ বাই বিশ ম্যাগাজিন খালি করে
সটান শুয়ে থাকে উত্তপ্ত ম্যাসিন গান ।

ক্রিমেশন স্যালুট

দাঁড়িয়েছিলে খাঁড়া গম্বুজের মত,
টিলার ওপারে ঠাই স্থির,
দুপায়ে নামিয়ে চোখ
অনেক ভিড়ের উপর
ভিড়টা তোমাকে দেখছিলো ।

এই টিলার পাদদেশে দাঁড়ানো নুড়ি পাথর
মেঘমুখী পতাকায় উড়ছিলো
স্বাধীনতার রং
তোমার রক্তবিন্দু মেখে কার্গিলের প্রান্তর বোধহয়
গোধূলি হতে চেয়েছিলো ।

তোমার পদক্ষেপে আজ মানচিত্র হেঁটে যায়,
সীমানা এখানেই পড়ে থাকে
ত্রিরঙ্গা ওড়ে
বিন্দু বিন্দু ডট থেকে কখন জানি
 লাইন ভেঙ্গে ভেঙ্গে যায় ।

আর তুমি বসে পড়ো পরিখার পাশে
মাটির খুব কাছে দুমড়ে মুচড়ে ঘাস কামড়ে ধরো
ভিড়টা এগিয়ে আসে

'স্যালুট' ।
একটা কথাই আমি শুধু জানি
একটা কথাই শুধু আমার মুখে উচ্চারিত হয়,
ততটাই স্পষ্ট ঠিক যতটা আওয়াজে তুমি বুঝতে পারো
তোমার বুলেট ছিদ্র বুকের উপরে

আমরা কাঞ্চন ফুলের মালা রেখেছি ।

অওর !! য়্যাস হো রাহা হে ?

সবুজের মাঝখানে ফুলে ফুলে রং ছিল বেশী
মধু ছিল কম।

জিভখানা উল্টে রেখে ঠোঁটে লেফট রাইট, লেফট রাইট
নাইট রোলকলের শেষে এক ফ্লাইট নপুংসক মৌমাছি
মার্চ করে ঢুকে গেল মুঘল গার্ডেনের গভীরে।

এখনো গভীর শীতের রাতের পূর্ণিমার চেরা চেরা আলোয়
এই সব ইট কাঠ চুন পাথর পরিখায়,
ব্যাঙ্গমা আর ব্যাঙ্গমীরা আধো ঘুমে আধো স্বপ্নে
নাইট প্যাট্রোলে
কাঁপা কাঁপা গলায় ফিস ফিস আওয়াজে প্রেমালাপ করে।

--"হল্ট, হ্যান্ডস আপ, কোন আতা হে ? "
--"মেজর গুলাব শিং......"
--"পাসওয়ার্ড ?"
--"অওর ? য়্যাস কর রাহা হে ?"

থ্রি নট থ্রি হাতে বেল্টধারী সান্ত্রি গ্রেফতার হয়
রাত্রের নিস্তব্ধতার বজ্রকঠিন হাতে।

জানুয়ারির শীতের কুয়াশার পর্দা সরিয়ে
শৃঙ্খলার শৃঙ্খলে যখন রক্ত লাল স্বপ্নালুর চোখে ঘুম ভাঙে রাত্রির
চোখ গোল গোল করে জোর নিশ্বাস নিয়ে দেখি
ফোটা ফোটা রোদ্দুর ...

সবুজের মাঝখানে ফুলে ফুলে রং ছিল বেশী
মধু ছিল কম।

স্যালুট

সালামী সাস্ত্রে স্যালুট করলে
রাইফেলও দেখতে পায় এক আকাশ
চোখ বুলিয়ে দ্যাখো কারাকোরাম
তার গায়ে শরীর এলিয়ে দিয়ে ঝুঁকে থাকা
নত মস্তক পামীর মালভূমি ।

আমিই সেই যুদ্ধক্ষেত্রের
একমাত্র বিজয়ী অগ্নিবীর সৈনিক
শরীর জুড়ে আমার আজ এক অদ্ভুত শীতলতা
একটা শক্ত ধাতব চট্টান অনুভব করছি ...
আর চোখদুটো কাঁপছে ঠিক সন্ত্রস্ত মানুষের মতো
পরিষ্কার দেখতে পাচ্ছি
আজ পৃথিবীর শীতলতম দিন
এই শূন্য প্রান্তরে আমি ছাড়া কেউ নেই...

কোথাও হঠাৎ যেন কুচকাওয়াজ শুনি ,
ওখানে কিছু স্নোবুট
ওখানে কিছু মৃত সৈনিকের পায়ের শব্দ
রক্তরাঙা পতাকা উড়িয়ে
মার্চ করে হেঁটে আসছিলো
একদল র্যাংক ও ফাইল
আচমকা লেফট টার্ন নিয়ে তারা
আমার সামনে বরাবর এসে দাঁড়ালো !

'সালামী সাস্ত্র'
তারা আমাকে স্যালুট দিলো !
আমি যেন অনুভব করলাম এক তৃপ্ত মুহূর্ত
বুকে একটা লম্বা শ্বাস নিয়ে

'বুম বুম বুম'
রাইফেলে অবশিষ্ট শেষ তিনটি বুলেট
ফায়ার করে আমিও স্যালুট জানালাম ।

যুদ্ধ কতযুগ আগেই যেন শেষ হয়ে গেছে
বিজয় পতাকার নীচে ঘুমিয়ে পড়েছে শীতল উপত্যকা
রাইফেল হাতে নিয়ে এখনো আমি তার সৈনিক সজ্জায়
আমিই তার তুষার রাজ্যের
শেষ প্রহরী ।

এ হৃদপিন্ডের কি করি

এ হৃদপিণ্ডের কি করি
যেখানে বুলেটের আগুনে পুড়ে পুড়ে বিষ কয়লা খুন
এক গাদা পুঁজ জমে জমে থকথকে কাদা ?
সেখানে
প্রেমকলি ফুটে হঠাৎই পঙ্কজ ?

এখানে দুপুর হলে
আর ডি এক্সের বাদামি ধোঁয়ায়
কুয়াশা উত্তেজিত হয়ে ওঠে - বাড়ে
দিগন্তে শিশ্ন ঠেকিয়ে বারোমাস দাঁড়িয়ে চেনাব
মোমবাতি চাঁদিয়াল ফেঁসে থাকে কিউমুলাস মেঘে ,
উলঙ্গ পাহাড়ের ফাঁকে ছিনিক ছিনিক
গিরিখাতে উপচে পড়ে শ্বেতকায় বরফের ফেনা ।

এ নেত্রের কী করি ?
যেখানে পিঁচুটি বারুদের ধুলো
এক গাদা টি এন টি জমে জমে বালিয়াড়ি
সেখানে মৈথুন ইচ্ছা ? যৌন জিজ্ঞাসা ?

টুরটুক থেকে ধেয়ে আসা ঠাণ্ডা হাওয়ায়
তুষার - মরীচিকায় এ আমি কী দৃশ্য দেখি ?
ছাল্লি দুপাট্টায় মুখ ঢেকে
ইশারায় ডাকছে কোন পাহাড়ি যুবতী ?
গোধূলির গা থেকে চুয়ে চুয়ে পড়ছে
টুকরা অনুভূতি !

এ হৃদপিণ্ডের কি করি
যেখানে বুলেটের আগুনে পুড়ে পুড়ে কয়লা কয়লা খুন
এক গাদা পুঁজ জমে জমে কাদা ।

মিগ টুয়েন্টি ওয়ান

করোটির দুদিকে দুটো গোল গোল কোটরে রক্তচক্ষু,
জ্বালিয়ে যুদ্ধ-জিঘাংসা
দুটো প্রসারিত চ্যাপ্টা চ্যাপ্টা ডানায়
পশ্চাতে এ টি এফ ঘসে
ভুস করে উড়ে গেল সুপারসনিক মিগ টুয়েন্টি ওয়ান
রানওয়ে শুয়ে আছে বাসর শয্যায়
সঙ্গম হবে তার আগুনের মিলনমেলায় ।

এক দো এক, এক দো এক, আলফা ব্রাভো চার্লি
বিদেশী অশরীরীর টাটকা রক্তে
মধ্যরাত্রির পাহাড়ি ঘাসে 'বড়া' খানা আজ
শিশির আর মশকের সাপ্তাহিক বনভোজনে
শীত আর অসিতের প্রহরায়
এক তরুণ এয়ারম্যান পৌষের এমনই এক অমাবস্যায়
রাত্রিসেবা করে ।

"গুড ইভনিং স্যার"
সুরভিত অ্যান্টিসেপ্টিক ক্রিম বোরোলিন ।
"হাও আর ইউ, অর ক্যাইসা হ্যায়"
বরফের ফাঁকে বুঝি ঢলে পড়ে চাঁদ ।
"স্ক্র্যাম্বল স্ক্র্যাম্বল"
বড় ভয়াবহ এ যে, বড় গতিময় ।
"মে ডে, মে ডে"
খ্যাচর খ্যাচ, গাড়ি চালায় বংশীবদন ।
"স্টারবোর্ড ইঞ্জিন লিক"
শহর সে লেকে গাও তক চুইয়ে , চুইয়ে পড়ে দেশপ্রেম ।

(দু মিনিট কমার্শিয়াল ব্রেক)

আমি বড় হয়রান সাগরিকা , কিংকর্তব্যবিমূঢ়

কিসের যুদ্ধ এই, এ কাদের লড়াই
নিজেরই বুকে ক্ষত নিয়ে কৃত্রিম সীমানার বড়াই ?
আমায় তুমি নিয়ে চল কোথাও,
হারিয়ে যাই জলঙ্গীর পারে
সবুজের ভিতরে , কোন ধান ক্ষেতের মাঝে
যেখানে, ধানের শিষে ধরে অকৃত্রিম ধান ।

সেখানে যাই যেখানে
নেই কোনো বারুদীয় দেশপ্রেম
সাঁঝের বেলায় কৃষককন্যার হাতে জ্বলন্ত প্রদীপ
মুছে যায় দিন রাত্রির সন্ধিক্ষণ
মুছে যায় মানচিত্রে এঁকে রাখা সমস্ত দেশরেখা !
শুনেছি
আচলে তার ধরা পড়ে
চুর্ণির জীবন স্রোত
দেশ বোঝে না, কাল বোঝে না
অন্ধকার রণক্ষেত্রে কারো সীমানা খোঁজে না ।

(পপ আপ)

"ক্রিং ক্রিং ক্রিং(হট লাইন)"
এক্সকিউজ মি...আই এম সরি
"আলফা আলফা আলফা, ক্রস ল্যান্ডিং, হ্যালো বেস কমান্ডার?"
বলো কোন পার ভিড়িবে তোমার সোনার তরী ?

(রিক্যাপ)

করোটির দু দিকে দুটো গোল গোল কোটরে
জ্বালিয়ে যুদ্ধ-জিঘাংসা
ধামোকার শব্দে দেগে আগুনের গোলা
উড়ান দিয়েছে সুপারসনিক মিগ টুয়েন্টি ওয়ান
তার স্ফুলিঙ্গের আলোয় আলোকিত হচ্ছে

চেনাবের সমস্ত গিরিখাত
বিপাশা , শতদ্রুর ঢেউয়ে, তার বিচ্ছুরিত আলোয়
সার্ভিস ক্যাপ অন
এক বিরাগী এয়ারম্যান
তখনো জীবনের স্রোত খুঁজে ফেরে।

সাবধান

প্যারেডে প্যারেডে সকাল হলো প্যারেড গ্রাউন্ড
অনেক পায়ের ভিড়ে
লেফট রাইট, লেফট রাইট,
র‍্যাংক ও ফাইল বিশ্রাম ছাড়াই
সূর্য উঠেছে নিয়ত দুরন্ত আগুন নিয়ে।

এভাবেই ক্রমাগত মার্চ
হাঁটু ভেঙে মাটিতে, নিল-ডাউন বারংবার
প্রাচীর গেঁথে ফ্রগ জাম্প
আড়াল করেছি পর্ণকুটির সংসার।

প্রিয় রাষ্ট্র
এই কুটিরেই তোমার জন্ম
এই কুটিরেই তোমার যৌবন
এখানেই শিপ্রার বুকে ঢেউ
কিশোর কারাকোরামের নাকের নীচে
সদ্য বেড়ে ওঠা গোঁফ।

পায়ে পায়ে ধ্বসে যাচ্ছে এংকলেট
বেলা বাড়ে এখনো কদম তোল
প্যারেড গ্রাউন্ড জুড়ে কুচকাওয়াজ
বুটে বুটে ইট ভাঙ্গছে,
ঘামে ভিজে যাচ্ছে কংক্রিট
দেওয়াল হয়ে ঠাই দাঁড়িয়ে এখনো সাবধান
এখনো ফাইল বাই ফাইল ডাইনে দেখ
এখনো গুনে যাই একদোএক
এই দুটি জজ্ঞা সাবধানে দাঁড়িয়ে থাকি
জোড়ে জোড় বুটে বুট
কদমে কদম।

চল ক্যান্টে

আমাকে জিজ্ঞাসা করছে কিছু চোর,
জীবন সংসারে সবচেয়ে দামী কি
মাটি, রক্ত নাকি ঘুম ?

আমার উত্তর হয়তো তোমাদের জানা
কিংবা হয়তো তোমাদের জানা নেই ।

সিন্দুক ভরা স্বর্ণ আলমারী ভল্ট আমি দেখিনি
আমার সন্দেহ আছে তাদের সুরক্ষা নিয়ে
আমি অধিক গুরুত্ব দিয়েছি সৈনিক জীবনে,
দেখেছি সজ্জিত রাজধানী, চাকচিক্য রাজবেশ
কিন্তু দাম নিয়ে সত্যিই যদি আমাকে জিজ্ঞাসা করো
আমি চোখ বন্ধ করে বলে দেবোঃ   ঘুম ।

চল ক্যান্টে, সেই ঘুম চুরি করি
সিঁদ কাটি ক্যান্টনমেন্টের ভঙ্গুর দেওয়াল
যেখানে বহুমূল্য মাটি এলিয়ে রেখেছে ক্লান্ত মাথা,
শতাব্দী শতাব্দী জুড়ে জড়ো হয়ে চলেছে
শহীদের ঘুম
রক্তাক্ত রণভুমির রোজ নামচা
আর তূনে তূনে জমে হচ্ছে
রাত জাগা ঘুমের পাহাড় ...
যেখানে নীল পেগাসুস
আহত সৈনিকের রক্তে ডুব দিয়ে
তুলে আনে হাউৎজারের অ্যাঁক অ্যাঁক ধুঁয়া
বুকের উপর কামানের গোলা ফাটিয়ে
ঘুম উতসর্গ করে একে একে ব্যাটেলিয়নের বাঘা হাভিলদার

যেখানে আর এস বি এন গার্ডপোস্ট, টিলাটির উপর
আঙ্গুলে ট্রিগার চেপে সসস্ত্র যক্ষ,

সমকামী মেঘদল এসে তার গা ঘসে যায়,
একা, আমি ঘুমাইনি বহুদিন
একাই আমি
একাকী দাড়িয়ে দেখি জ্বলে ওঠা কার্বন
দেখি, ম্যাগাজিনের বুলেট গুনতে গুনতে আঙুলের ফাঁকে
একাকী পুড়ে যাচ্ছে আমার ছুটির দিনগুলো
অন্ধকার ঘেরা ক্রিমেশন প্যারেডে মৃত্যু নিয়ে জেগে আছি
কফিনে অমূল্য ঘুমের সঙ্গে মাটির নরম গদিবিছানা ...

এক লহমায়, তিনটি স্যালুটের সঙ্গে
অতিউচ্চ নল্লামে বিক্রি হয়ে যাবে আমার সমস্ত ঘুমকণা
শহীদ সিপাহীদের রোল কল হচ্ছে ব্যারাকে ব্যারাকে
বের করে জড়ো করা হচ্ছে এক্সেস ঘুম ডিপোজিট

চল ক্যান্টে,
ঘুম চুরি করি...

বুট

রক্ত মাখিয়ে যে দুটি মাংসের পা দিয়েছিলে
বৃটিশের মুখে
র‍্যাডক্লিফের প্রতিটা কালির আঁচড়ে
ওরা তোমাকেই উদ্ভিদ করে দিয়ে গেল ।

আংকল, বুটের তলাটা ক্ষয়ে গেছে
এবার ওটা চিলেকোঠায় তুলে রাখো ।

আর কত বদলাবে কদম?
গ্রান্ড ট্রাঙ্ক রোডের পাশে যে সব ধুলো
জমে জমে আজ নন-ভেজ পাঞ্জাবী ঢাবা
রক্তের কালিতে যেখানে লেখা হল
বুরি নজর তেরা মুহ কালা ।

বুট দুটো তুলে রাখো আংকল
পা দুটো এখানেই থাক ।

শীত মাঘ গেলো, গেছে সেই মার্চ করা দিন
চলো ঘাস বনে ,
খালি পায়ে হাটি খানিক দুজনে
ছিন্ন পল্লবে ছেপে রাখি মানচিত্র
আগামী বসন্তে পত্রালিকা পাহারায়,
চলো পা-হারাই ।

বারুদের গন্ধ

বস্তুত রাত্রিকালীন গার্ড ডিউটি সেরে ঘুমাতে আমার যাবার কথা
চোখে ভেঙে আসছিলো সমস্ত পাহাড়
তাকিয়ে দেখছিলাম বৃষ্টির রং বদলানো
তুষারাবৃত কারাকোরাম ।

আসলে ঘুমবাহী চোখ দুটো খুঁজছিল এক স্থায়ী হিমবাহ ঠিকানা
যেখানে রক্ত কণিকারা দানা বেঁধে হয়ে যেতে পারে মিষ্টি জলের হ্রদ
কিংবা আগ্নেয়াস্ত্রদের শীতল সমাধীর উপরে
বিছিয়ে দিতে পারে এক বারুদের বিছানা ।

ঐ বারুদ বস্তুটি মাঝে মাঝে আমার উর্দিতে
গন্ধান্ধ হয়ে কাটে ডোরাকাটা দাগ
আমার কামঅফ্লেজের হেলমেটের স্ট্র্যাপে
ময়লা সুতোয় লেগে থাকে নোনতা আস্তরণ
যার গন্ধে ছুটে আসে চেনাবের গলা পচা
খাদে খাদে জন্মানো দলে দলে বোম্বাই মাছির ঝাঁক
ওরা এসে কোন ধরাশায়ী সৈনিকের নাকে
কিংবা বুকের পুঁজে ভরা ঘায়ের উপরে বসে
বুক ডন মারে ।

আসলে এই সব মাছিরা খোলা বাজারের হোলসেল বিক্রেতা
আর এই সব ব্যবসায়ীরা হল সেই হুন নেতা এটিলার বংশধর
যারা মাঝে মাঝেই মিহিরগুপ্তের মফস্বলের ফার্ম হাউসটায়
মাল খেয়ে ধামাল মাচাতো
আর থকথকে বমি সহ লালা উগরাতো ,
তাদের থুতুর স্রোতটা উপনদী হয়ে
এসে মিশে যেত বিপাশার রক্তবাহী স্রোতে ।

কিংবা আমার মত যারা ষোল হাজার ফুট উচ্চতায়
প্রাণের আহ্লাদে ক্যাম্প করছি

বেলুন ছেড়ে দিয়ে বাতাসের বেগ মাপছি অথবা
শত্রুর শ্বেতকায় বুদবুদের পাশে আজও কাগজের নৌকা বানাই ।

প্রকৃতপক্ষে , আমরা তো সেদিনই সাম্রাজ্যটা ভাসিয়ে দিয়েছি সিন্ধুর স্রোতে
ওদের রাজ্যপাটে আমার পিতা, পিতামহ, প্রপিতামহরা কাঠ কুড়াতে যেত
আর মধু ভেঙ্গে আনত, আমার মা ওদের বাড়ি বাসন মাজতে যেত
তেরটি বসন্ত ঘুরতে না ঘুরতেই তারপর একদিন
ওরা আমার মাকে গর্ভবতী করে দিল

তারপর বহুদিন আমি কোন কবি কে কোন কবিতা লিখতে দেখিনি
দশমাস দশদিন পরে মশারীর মধ্য থেকে
শুধু জন্ম নিলো গান্ধর্ব শিল্প...

আমরা যারা দেখেছি পঞ্চনদীর পাড়ে
ঘুম কাতর সিপাহীদের বাঁশের উপরে ঝুলে থাকা তাঁবু ,
ক্যাম্পে প্রতিদিন ভনভন উড়ে আসছে অসংখ্য মাছিদের ঝাঁক
ওরা আমাদের বন্দুকের পাইপের উপর বসে গা ঘষাঘষি করে
কেউ কেউ ঠ্যাং গলিয়ে চেটেপুটে খায় অর্ধদগ্ধ বারুদের অবশিষ্ট
যেখানে কার্তুজেরা বহুদিন যুদ্ধবন্দী হয়ে কবেই মৃত হয়ে গেছে ।

ওরা কেউ কেউ আজকাল আমার কানের কাছে গণসংগীত গায়
কেবল টিভি নেটওয়ার্কের দৈনিক খবরও পড়ে কেউ কেউ...

ঘুমের পাহাড় ঠেলে
গুহামুখ থেকে আমি শুনি এক কৃত্রিম ঘুম ভাঙ্গানোর গান
বোধহয় কন্ট্রোল রুমের সেই ওয়েলিং সাইরেন হবে
পাহাড়গুলি যেন প্রতিধ্বনিতে খান খান হয়ে যেতে চায়
ঘুমগুলো গুড়ো গুড়ো হয়ে গান পাউডার

অ্যাংকলেট বুট পায়ে ভাঙ্গি
ঘুমঘোরে পাহাড়ের চড়াই ,
আমারই পায়ের নীচে পিষ্ট হয়ে

আমার ঘুমিয়ে নেবার স্বপ্নগুলোও কাদা কাদা হয়ে যায়
তাল তাল অনেক আগুনের কাদা,
থক থক বিছিয়ে থাকে সমস্ত গিরিখাতে ...

আমি সে কাদায় পা দিই, হাত ডুবাই
কেয়া শেঠের ক্রিমের মত
তাকে আমি দলা দলা মুখে মাখি
চোখ বন্ধ করে, দু ঠোঁটের উপরে নিচে জিভ দিয়ে চাটি

এই ঘুম অন্ধকারে আমি যেন এখন শুধু বারুদের গন্ধ পাই...

ইন্ডিয়াগেট

আরো একটু কাছে এসো ইতিহাস পাতা
মাটির আরো কাছে, লোধি গার্ডেনের পাথুরে উঠানে,
যেখানে সুলতানি সিপাহীদের তারুণ্যের গন্ধ এখনও মুচ মুচ,
হাতের উপরে মেলে দিয়ে সবুজ শাখা প্রশাখা
সারিবদ্ধ কুচকাওয়াজের হেঁটে যাওয়া পথে
পাথর এফিটাফে আমার ভাগ্যবদ্ধ পড়ো ।

এই ইন্দ্রপ্রস্থমুখী পথ ,
তরাইন থেকে হেঁটে আসা মোহম্মদ ঘোরী
চুন বালি ও শ্যাওলার খাঁজে খাঁজে
ভাঙ্গাচোরা ইটে ইটে এখনো সফদরজংগ,
ইলতুৎমীসের প্রস্তর শহরে আনছে প্রাণ সঞ্চার ।

চৈত্র বসন্তের কর্কশ প্রান্তরে যুদ্ধ সজ্জায় সদ্য যুবক
দেখ, ঐ উঁকি মারছি আমি
বহুদিনের পিপাসিত পোড়ামাটির কুতুব মিনার
ওইখানেও আমার মুষ্টিবদ্ধ হাত
ঐ দেখো অশ্বারোহী এক যুবরাজ,
কালিন্দীকুঞ্জের অগভীর জলাশয়ে বিপ্রতীপ
হুমায়ুন টম্বের ছায়ায় ঠায় দাঁড়িয়ে স্থির ।

তবুও তোমার পাতা
তুমি যাকে ইতিহাস বলো
তুমি কি লিখেছো পুরানা কিলার আঁধারে
কতোটা প্রস্তরীভূত হয়ে উঠেছে আমার শরীর ?
কতো লক্ষ সৈনিকের রক্তছিটা লেগে
এখনো হলুদ হয়ে আছে এই রাজপথ?
কতোশত সিপাহীর প্রাণ বলিদানে এই মিনার
কি করে আজ ইন্ডিয়াগেট হয়ে গ্যালো?

গন্তব্য

দিনগুলি সে আর সোনার খাঁচায় রইল না
আসলে
সোনা মানে ছিলো সে এক হলুদ মাত্র রঙ
আর খাঁচা মানে ছিলো এক কাঁচা বাঁশে বেড়া
আর বাঁশ?
বাঁশের ডগায় জড়ানো ছিলো
এক দুই হাত জাতীয় পতাকা

সোনার দেশ আমার স্বাভিমানের দেশ
যাকে সুরক্ষা দিতে ছুটে গেছি
এক রণাঙ্গন থেকে অন্য রণাঙ্গনে।

কোথায় পৌঁছাতে চেয়েছি আমি
আর কোথায় কর চলেছি মার্চ।

সোনার দেশে আমাদের স্বপ্নের দিনগুলি
দেখতে দেখতে আমাদের ঘুম চলে এলো
তারপর বোধহয়
তুমি আমি ল্যান্স নায়েক মুকেশ কুমার
প্রস্তরীভূত হয়ে গেলাম কোন এক
শহীদ মিনারে।

যুদ্ধের মহড়া

আমারও এক বক্ষ ছিল মৃত্যুঞ্জয়ী বারুদের এক নিরাপদ ঠিকানা
জীবন ঢেলে দিয়ে চেনাবের গিরিখাতে মরণপণ যুদ্ধের রক্তস্রোত ফেনা
পাহাড়ের খাদে খাদে জমে আছে আজো সংগ্রামী সৈনিকের লবণাক্ত ঘাম
সাইরেনের শব্দে পায়ে ফেলে পা, বর্ষার পিচ্ছিল সড়কে বাম ডান বাম
অন্ধকার টাইগার হিল, মৎস্যের কনীনিকা লক্ষ্যভেদে অর্জুনের তীর
সীমানার দেশরেখা টেনে ভূতলে নেমে আসে হিংস্র এক বিপক্ষ শিবির
পুড়িয়ে আসা পতাকা,পিছে ফেলে আসা ক্যাম্প, যুদ্ধক্ষেত্রের অমোঘ নিয়তি
বাঁ পাশে খাদ ,সামনে আঁধার , ডান পাশ দিয়ে ছুটে যাওয়া বুলেটের গতি
উরি ড্রাস কার্গিলের পর্ণমোচী ঝাউপাতা জমে যাওয়া চাংড়া বরফ
সিন্ধুর বুদবুদ স্রোতে ভেসে যাওয়া মাছেদের সেইসব নীল মৃত চোখ...

জীবন এখনো শ্রাবণ, রাজপথে দেখি যখন শহীদের প্রাণপণে লড়া
আজও টের পাই ধমনীতে সেই রক্ত, পায়ে পায়ে সশস্ত্র যুদ্ধের মহড়া ।

ঘুমিয়েছো ঝাউপাতা

ব্যাগপাইপারের দ্রবনে ডুবিয়ে জমাট ক্লোরোফিল
কার্তুজের বাক্সে গুঁজে বরফ সিক্ত মাথা
ঘুমিয়েছে ক্লান্ত ঝাউপাতা ।

কোমরে গোঁজা বিশ রাউন্ড শ্যাফট
শির শির শীতল লৌহ কার্তুজ ম্যাগাজিনে
নাতিশীতোষ্ণ মেদ জমেছে...
রক্তে ধুয়ে দেবে বলে পানিপথ তরাইন, ড্রাস, কার্গিল
প্যারেনকাইমা , স্কেলেনকাইমা কোষে কোষ ভরে
জমিয়ে রেখেছে রেডিও আইসোটোপ ।

লেফট রাইট লেফট রাইট
টাইগার হিলস এর ওপার থেকে কী যেন বিকিরণ
মার্চ করে হেটে আসছে উতাল হাওয়া
এখন রাত গভীর হলো
কৃষ্ণ গভীর রাত
পাহারায় পাহারায় বুঁদ হয়ে শুয়ে আছে ।

ওরা ঘুমায় মাটির গন্ধ শুঁকে মাতাল হয়ে ।

সিজ ফায়ার

সরু সুড়ঙ্গ নালিপথে পদযাত্রায়,
পিতলরঙা এক মাধুকরী দিনে
মনে হয় মেঘে ভিজে গেছে বারুদ ।

দেশ প্রেমে নিয়ে আজ তার জ্বলে ওঠা নেই
নেই তেমন কোন আর যুদ্ধ লালসা
ম্যাগাজিনে বেকার পড়ে আছে খালি কার্তুজ ।

গৈরিক সাক্ষী রয়েছে তার দ্যাখা যায় যদি,
ধবল পতাকা বিছিয়ে হিমশীতল জানুয়ারি
রোদ ঝড় বৃষ্টিতে, একই ভাবে দুধারে দুপায়
দাঁড়িয়ে ঠায় কারাকোরাম, কার্গিল, ড্রাস ।

এর পরও যদিও পাদদেশে ফির একবার
এক পশলা যুদ্ধ হয়ে যাবে ।

সে হোক, আজ বৃষ্টির দিন
এবার পাদদেশে এক পশলা বৃষ্টি নেমেছে ।
যুদ্ধের হাভান কুণ্ডে বৃষ্টি আহুতি দিয়ে
উল্টো রাইফেলে টুপি পরিয়ে
চলো আর ঘোষণা করি
সিজ ফায়ার ।

বুটে বুটে জড়িয়ে যায়

বুকেরই উপর এফোঁড়-ওফোঁড়
এক বিঘত জমিতে গাড়া এক বাঁও বাঁশ
উড়ছে জাতীয় পতাকা

ভু-ফোঁড়ে জানকীর
প্রতিনিয়ত শহীদ প্রসব
হা ঈশ্বর, কে নিয়ে আসে এদের সংগ্রামী মৃত্যু ?

জানি এ মাটি নয় প্রেম
এ রাষ্ট্রও নয় কোন স্বাধীনতা
দারুচিনি দ্বীপের খোঁজে সমুদ্র জোয়ার
আমাদের এই রণতরী যাত্রা ।

কোন এক ঘন কুজ্ঝটিকায় হঠাৎই যেন আবিষ্কার করি
আমার শরীরে এক নতুন আবরণ
কামঅফলেজ ডোরাকাটা উর্দি, কোমরে ফৌজি বেল্ট
এ কোন র‍্যাডক্লিফ নয়,
এ নয় কোন ম্যাকমোহন
সমুদ্রতট জুড়ে আন্তঃপ্রজাতি মানচিত্র

বেলাভূমিতে আমারই পূর্বপুরুষের পদচ্ছাপ
দ্রাঘিমা থেকে দ্রাঘিমায় যুদ্ধরই প্রাক-দিক চিহ্ন
যোগ্যতমের উদ্বর্তনে মার্চ করতে গিয়ে দেখি
বুটে বুটে জড়িয়ে যায়...

ক্লোরোফিলহীন জলজ শ্যাওলা ।

আর প্রতিবাদী হাতটা

চাঁদিফাটা ধুলো মাটি বুকে
বর্ষার আর্দ্র পা পড়েনি বহুদিন
শুধু বুটে বুটে সংঘর্ষে স্ফুলিঙ্গ
তলপেট থেকে বমি করা রক্ত-আগুন।

এভাবেই যুদ্ধ চলছে
ব্যাটেল, ট্যাংকি, বা কোন গুলি বারুদ ছাড়াই
রৌদ্রে ঝলসান মরুভূমির ঢেউ খেলা বালিয়াড়ির বুকে
কোন যৌন ব্যাখ্যা ছাড়াই
কোন পুরুষের মুখে নিরন্তর মুখ ঘষে নেওয়া।

এমনই পিপাসিত দিনে
যখন বুক বেয়ে বয়ে যায় তরুণী অলকানন্দা
স্রোতবাহী পদাতিক সৈন্যদল কদমে কদম মিশিয়ে
মার্চ করে এসে থামে এক কাঁধ ভূমি সজ্জায়,
ট্রিগারে ট্রিগারে আঙুলগুলি
দীর্ঘ থেকে দীর্ঘতর হতে থাকে
ব্যঞ্জন বর্ণে কবিতাগুলি
পঙক্তিমালার ছায়া মেপে যায়।

আর এই প্রতিবাদী হাতটা
যেন ট্রিগারকে দাবিয়ে রেখেছে
ক্রমশঃ হ্রস্ব হতে হতে
কখন যে থ্রি নট থ্রি থেকে
তার স্বরবর্ণগুলি আগুন বেগে ফায়ার হয়ে যায়।

শুভ অপরাহ্ণ

আকাশের ডাক ছিল দুর্বার পায়ে মার্চ, মাইল পর মাইলে
পারদের ডাক ছিলো বাম ডান, সারি সারি র‍্যাংক ও ফাইলে।

ধনুকের ছিলা ছিল টান টান সুপুরুষ চাঁদমারি লক্ষ্য
স্থায়ী বন্দোবস্ত নয় দোস্ত, এ কাজে নয় সবাই দক্ষ।

শস্যের ক্ষেত ছিল পূর্ণ, রামধনু প্রজাপতি পাখা তার
প্রতিবেশী খামারে মজদুর, দুটি পায়ে খেটে খাওয়া সংসার।

হাঁফ ছেড়ে বাকি হাফ যকৃৎ, ক্লান্তির দম ছেড়ে কদমে
প্রতিপদে ডাকছিল রাম পাঞ্জ, আকণ্ঠ মদ জমে কলমে।

দিনলিপি মুছে গেছে অকারণ, মধ্যাহ্ণ হতবাক তাকিয়ে
আঙুলের সৈন্যদল ক্ষিপ্র, দ্বিপ্রহর নামছে মাঠ কাঁপিয়ে।

কমান্ডিং অফিসারের ব্লগ

সবাই কমান্ডার নয়
কেউ কেউ সেনাপতি হয়।

কিছু কিছু সমতল অঙ্গন হয় রণাঙ্গন

এই যে দেখছ x অ্যাক্সিস
            এক সমতল
            পুকুরের জল
এলো মেলো ঢেউদের প্যারেড গ্রাউন্ড,
তারা পায়ে পায়ে গুনছে "এক দো এক"

ঘাটের কিনারা বরাবর
রেখায় রেখায় ঢেউদের মার্চ করে যাওয়া
মধ্যপুকুরে সূর্যরশ্মির Y অ্যাক্সিস
            বয়সদের রৌদ্র বরাবর উপরনিচ বেড়ে ওঠা
সংসারের প্রতিবিম্বের প্রতিফলন।

এই সব জীবন যাপনের সামাজিক দ্বিমাত্রিক ছবি
প্রতিটা পিক্সেলে, প্রতিটা বিন্দুতে, আপন অস্তিত্বের সংগ্রাম
            অভিযোগ, তর্ক, লাথা-লাথি, ডাইভোর্স...
এসবই সামরিক সজ্জার ফরমেশনে,
র‍্যাংক ও ফাইলে দাঁড়িয়ে গেলে
দিব্বি ছন্দময় কুচকাওয়াজে
কদমে কদম মেলানো যায়।

প্রমাণ চান?
একটা ঢিল ছুড়ুন পুকুরে

জলের তল আন্দোলিত হবে, জলতলের ঘর্ষণে

জন্ম নেবে এক বিন্দু

বিন্দু ?

এর-ই সমাহার থেকে জন্মাবে
              এক অগ্রণী
              এক ঢেউ
অগ্রসর হতে থাকবে বক্রসমতলে
              পিছু পিছু
              কিছু কিছু
অন্য ঢেউদের বাহিনী
ঘটে যাবে z অ্যাক্সিসের উত্তরণ

ট্রাই করে দেখুন
কখনো অখুশির আলোড়নে , কখনো খুশির উদ্দীপনায়
স্থান কাল পাত্র ভেদে ত্রিমাত্রিক এই ছবি
হৃদয়ে তরঙ্গানুভব আনে, প্রাণে ঢেউ খেলে যায়

সেখানে সব ক জন সেনাপতি নয়

সেখানে কেউ একজনই কমান্ডার হয় ।

ঢেউদের কথা

নদী, তোর অনেক ফ্যান
মাথার দুপাশে ব্যস্ত বিনুনি-জনপদ
কখনো গহীন খাদে,
কখনো ব্রিজের নিচে দিয়ে চলা তোর নিজস্ব চলন
পাবলিক ডিমান্ড কিংবা ইম্পোর্টেড বাজার
এনেছে মনে তোর দারুণ অত্যাভিমান
এনেছে বুকে তোর আধুনিক ঢেউ
চলতে চলতে দ্রুতপায়ে উঠে আসছিস...
ব্রিজের উপর শুনি তোর ঠক-ঠক হাই হিল !
ফেসবুকে তোর অনেক লাইক
তোর ঐ বেঁকে যাওয়া কোমরের আধা উষ্ণ খাঁজে
আধা গলা চীজ,
ডোমিনোজ পিৎজার ডো !
ওখানেই আটকে আছে ক্ষুধার্ত চোখের নিশানা ।

নদী, তোর অনেক ফ্যান ফলোয়িং,
নাহ ! আমি বরং আজ
ঘাটে ঘাটে খেটে খাওয়া পদাতিক ঢেউদের কথা লিখি
ছোট ছোট পায়ে ঢেউদের "ছলাৎছল" চলন ?
অদেখা মনে হয়, কিংবা অবহেলিত নিম্নবর্গের সিপাহী ব্যাটেলিয়ন
সংসদ অভিধানও লেখেনি পাতায় ।

ক্ষুদ্র তবু, ওদের সমব্যথী প্রাণ,
হৃদয়ে শ্রেণীবদ্ধ ইচ্ছের র্যাংক ও ফাইল
জলের সমতলে ওদের দলবেঁধে মার্চ
এক সাথে চেঁচিয়ে বলা "এক দো এক, এক দো এক"
এক ডিভিশন সৈন্য যেন কুচকাওয়াজ করে ....
সমস্ত পাড় টাকে ব্যস্ত প্যারেড গ্রাউন্ড করে রাখে ।

ওরা মার্চ করে, সার বেঁধে ঘুমায়

ওরাও স্বপ্ন দেখে এক মহাসাগরের গতি বেগ
অবিরাম স্রোতের গর্জনে
ঢেউরাও অনুভব করে এক সাইন ওয়েভ
ওরা স্ট্রেয়েট নয় মোটেই,
ওরা একে ওপরের পিঠে চড়ে, গায়ে গায়ে ঘর্ষণে
শরীরের জ্বালা মেটায়...

ঢেউরা কি হোমোসেক্সুয়াল ? কি জানি ...
যতটুকু জানি-
ওদের উৎস সে এক গর্ভবতী নদীর নাভিতে,
যেই সব নদীর শুনেছি আমি অনেক উপমা, রূপক ।

ঢেউদের কি কোনো হৃদয় নাই ? ওরা কি শুধু শারীরিক ?
দুপায়ে ধেয়ে চলা শুধু লেফট রাইট, লেফট রাইট?
সংসারের খরচা উপার্জনে তাদের শুধু
দিনরাত প্রাণপাত ?

যখন জ্যোৎস্নার ব্যাটেলিয়ন এসে নদীর তীরে এক ক্যাম্প তাঁবু ফেলে যায়
ওরা মার্চ করে
চাঁদনী রাতের পাহারায়, মধ্যরাতে দুলে ওঠা জেলেদের নৌকায় ।
প্রাণে প্রাণে তরঙ্গ অনুভব হয়,
শরীরের প্রতিটা রোমকূপে , বুকের প্রতিটা অলিন্দে
আমি ঢেউ হয়ে যাই !

তীরে তীরে এইসব ঢেউদের মধ্যরাতে জেগে থাকা
সারারাত তাদের হাওয়ার তাড়নায় দুলতে থাকা শরীর
দুমড়ে মুচড়ে সুনামি হতে চায়
হাত বাড়িয়ে দেখি, চারপাশ অন্ধকার,
নদী শুয়ে আছে শৈত্য প্রবাহে, পঙ্কিল তন্দ্রায়,
ঢেউয়ের ডাকে সাড়া দিতে তার
শুধু ঘুম পায়
শুধু ঘুম পায় ।

ডিসিপ্লিন

অজ্ঞতার মধ্যেও আছে এক শক্তিশালী সৈনিক
সৈনিককে মেনে নিতে পারাও একটা সৈনিক

যে দিন থেকে জেনেছি
        মার্চ করে গেছি
লেফটে মিলিয়ে লেফট
        রাইটে রাইট।

মাটিকে ময়লা মনে হয়নি কখনো।

যে অজানা রণক্ষেত্রে রেখেছি মাথা, দেহ, পতাকা
সে টি মা ই।

ডিসার্টার

ইউনিটের শুনশান রাস্তায়
একদল অন্ধকারের জটলা
ছোট অন্ধকার, বড় অন্ধকার,
জুনিয়র অন্ধকার, সিনিয়র অন্ধকার ।

তখন হয়তো মাঝরাত হবে
নিস্তব্ধতার ঘন কুয়াশায় অন্ধকারে
পাঁচ রাউন্ড কার্তুজ আর
থ্রি নট থ্রি সহ
কোন এক সান্ত্রী 'এ ডব্লিউ এল', অর্থাৎ নিখোঁজ
তাঁবুতে তাঁবুতে চলছে ' রোল কল', অর্থাৎ অনুসন্ধান
অন্ধকার রাত্রে গার্ড ডিউটি করার সময়
প্রায়ই সান্ত্রীরা হারিয়ে যাচ্ছে
ডিসার্টার হয়ে যাচ্ছে ।

আমিও খুঁজতে বেরিয়েছি একজন হারিয়ে যাওয়া সান্ত্রী
এই সার্চ অপারেশনে আমার কর্তব্য কী
আমায় কী খুঁজতে হবে কেন অন্ধকার
নাকি কালো কালো রাত্রির অন্ধকারের আড়ালে
আমি নিজেও হারিয়ে ডিসার্টার হয়ে যাব ?

ভয়

এত লাল রক্তের প্লাবন
আর মৃত্যুদের সেখানে সাবলীল সন্তরণ
অনায়াসে পার হয়ে যায় কিভাবে বৈতরণী।

আর আমি এখনো ভুল বানানে কবিতা লিখি
আর ভয় পাই খুব।
ভয় ধরে গেছে গায়ে, হাতে, পায়ে, ঠোটে, কপালে।

আজকাল,
গার্ডপোস্টেও ঝিমাই না পাছে চার্জশীট হয়ে যায়
শব্দেও মেশাই না কোন জল, দুর্বোধ্য হয়ে যায়
রাত্রে বউকেও জাগাই না
পাছে কখন যে হানা মারে ডোমেস্টিক ভায়োলেন্স
ভয় পাচ্ছি খুব,
দেখতে পাচ্ছি
দেওয়ালে দেওয়ালে স্কন্ধকাটা ভূতের ছায়া।

আর যেখানে আমি
একটি দুটি অক্ষরে, জড়া জড়ি করে
বাঁচিয়ে রেখেছি কবিতা ইচ্ছে
কোমরে বেল্ট, ম্যাগাজিনে গুঁজে বিশ রাউন্ড কার্তুজ
ভাঙা মেরুদণ্ডটা জুড়ে নিয়ে 'সাবধানে' দাঁড়াচ্ছি

আমি

এবার আমি আগুনের মধ্য দিয়ে যাব।

সেকেন্ড ইনিংস

আজ কোনো গোলাবারুদ নয়, বোম্ব ব্লাস্ট নয়
এমন কি খেলনা পিস্তলের ফায়ারিং ও নয়
কোন শব্দ ধামাকা নয় কোনো।

যুদ্ধ শেষ হয়ে গেছে
এবার ছুটি যাওয়ার পালা।

ঘরে ফেরার পথ ওই যায়
অবন্তীপুরের ধোঁয়া মাখা পাহাড়ী খাদে
উড়ে যাচ্ছি হেলিকপ্টার...

তারপর বহুদিন কিছু মনে নেই।

কোন শব্দ নেই আজ কোনো
তোমরা এমন কোন কবিতা লিখো না
যে সব শব্দে, বাক্যরা রূপক হয়
কিংবা যে সব শব্দেরা উপমা।

কবির কলমে আজ থাক সাদা কাগজ
শুধু শহীদ হবার জন্য
মৃত্যুরা
উদগ্রীব হয়ে থাক লেখনীর মুখে   ...

আমি কি বাড়ি ফিরে এলাম। হয়তো।
ছুটিতেও ফেরা হল, তবে কাঁধে, কফিনে।
এই মৃত্যু যুদ্ধের নয়, নয় গুলি বারুদের
এ মরণকে তোমরা ভাই তাই
শহীদ বোলো না।

বিকানীরের সূর্যাস্ত

শান্তির অভিযানে যোদ্ধার অগ্নিপরীক্ষা,
ভুল হবে যদি ভাবো এটা সমর প্রাঙ্গণ ।
মরুভূমির বুক কেটে বসে আছে রানওয়ে,
সারি সারি আননোন 'ইউ এফ ও'র উড্ডয়ন ।।

কার আকাশ , মাটি কার ? প্রচলিত প্রশ্নে,
উত্তর খুঁজে ফেরে যত রাজ-পণ্ডিত ।
বালিয়াড়ির গর্ভে তেজঃবিকিরণ-ঝড়,
মরুভূমির বুকে লেখে মরীচিকা হার-জিত ।।

সীমানার তর্কে অসীম এক দ্বন্দ্ব ,
পাহারায় পাহারায় রেখা বদল দৈনিক ।
খুঁজে ফেরে দেশপ্রেম মদিরার বোতলে,
উদরের দায়ে পড়ে সিপাহীরা সৈনিক ।।

বিকানীরের বিকালে বিশাল দিগন্তে,
ক্লান্ত নোনতা ঘাম লূ হাওয়া লুটে খায় ।
তোমাকে আমার তখন মনে পড়ে অসীমা,
অ্যাংকলেট বুটপায়ে নেমে পড়ি রাস্তায় ।।

একই ফ্লাইট লেফট রাইট, সার্ভিস ক্যাপ অন,
একই দিবা রাত্রির গোধূলি গগন।
দিগন্ত ডুবছে ঐ বালিয়াড়ির ওপারে,
ক্যানভাসে মুছে দিয়ে সামরিক জীবন ।।

পিরামিডের নীচে

সংগ্রামী কালবেলা, অনুযোগ কিংবা বিষাদে
স্রোতস্বিনী পাল্টালো তার টেরাকোটা রং
ফড়িং, ঘাস পাতা, কর্দমাক্ত নুড়ি পাথর
নিজেরই বক্ষে অস্তমিত সূর্যের স্যালুট নিয়ে
আবারও একটা নদী শহীদ হলো ।

আর
কবিরা ফিরে পেল স্বাধীনতা
শ্রান্ত কল্পনার ক্লান্ত শরীর,
অক্ষৌহিণী পায়ের ঘর্মাক্ত কদম-বদল
সমস্ত রাত্রি জুড়ে জীবন ফিরে পেলো
কুচকাওয়াজে ক্ষয়ে যাওয়া প্যারেড গ্রাউন্ড ।

এখানে কোন জল নেই
স্রোত আছে,
এখানে কোন শক্তি প্রদর্শন নেই
পিরামিড আছে
মাংসপেশি, রক্ত, শীর্ষ অবস্থান আর
পিরামিডের নিচে শুধু খেটে যাওয়া
পলিমাটির মতো ফরমাস ।

বিশ বছর পর

যুদ্ধের স্মৃতিগুলো দিয়েছে ডুব সাঁতার
সপ্ত সাগর আর অসংখ্য নদী
সীমানার ছাড়িয়ে সীমা
বন্ডে চাপা ফাইল ছেড়ে অনেক রাজ্যপাট ।

ওদের সংগ্রাম , দেশ ভক্তি প্রেম
এখানে ওখানে, শ্যাওলা হয়ে জমে আছে ইটের পাঁজরে,
পুলিশ থানা , বাবুদের অফিস দেয়ালে
ওদের ইচ্ছে, স্বপ্ন, প্রেমময় অনুভূতি, ভালোলাগা অনুক্ষণ
রাজপথের সবুজ গালিচায় ধুলো হয়ে মিশে গেছে
অমর জ্যোতি জওয়ান ।

আবার বিংশ বৎসর পর
দেখা হল তোমার আমার
তেমনই দুর্বোধ্য সে কবিতার খাতায়
তাঁকে লিখতে গিয়ে দেখি
আমার শুধু বানান ভুল হয়ে যায় ।

অথবা সময় হয়েছে বৃদ্ধ
বোকা বাক্সে বন্দী ঘর
নিদেন পক্ষে পাড়াতুত পলিটিক্স
চৌমাথার মোড়
হলুদ ট্যাক্সির হর্ন, অফিসের ব্যস্ততা
ফুটপাতে চলতে থাকা অগণিত মানুষের ঢল
কুড়ি বছর পর
মুখোমুখি আমি
পার্থ, পলাশ, পুলকের সাথে
একটাকা দু-টাকার কয়েনে
জমিয়ে রেখেছি রামি
নোনতালেবু চা, গরম চিনি টোস্ট

পুড়ে যাওয়া দুধের গন্ধ
কয়লার হলুদ স্বপ্ন রঙ
হুতাশী দুপুরের উপসংহার
এক দো এক, এক দো এক
বিকেলের কোমল হৃদয় জুড়ে ছুঁয়ে যায়
মার্চ করে যায় – শহীদ মিনার ।

জীবন গিয়েছে চলে আমাদের কুড়ি কুড়ি বছরের পার
পুরানো ডায়েরীর জীর্ণ পাতা
হারানো লেখা লেখি, বয়ঃসন্ধি প্রেম
ক্যাম্প এরিয়ার ফ্রি ইনল্যান্ড
তাবুতে তাবুতে কান পেতে শোনা
শুনশান রাত্রির পদধ্বনি
কোন এক অশরীরী সৈনিকের অপেক্ষায়
জেগে থাকা তার প্রেমিকার চিঠি ।

বিশ বিশ বছরের পার
জন্মেছে অনেক ঘাস , গুল্ম লতার ঝাড়
আমাদের একুশ নং সিগনাল ইউনিট
আমাদের পরস্পরকে লেখা চিঠি
ডাকঘরের সমাধির উপরে
কারা যেন টাঙিয়ে দিয়ে গেছে
ধাতব টাওয়ার দ্যাখো
এই সব স্মৃতিকথা, স্মৃতিপথ মুছে যাওয়া পুরাতন
মাউসের এক ক্লিকে ডিলিট করে দিয়েছে

এয়ারটেল, ভোডাফোন ।

কারাকোরামের পথে

তারপর যেতে যেতে যেতে পথে হঠাৎ একদিন
কারাকোরামের সাথে দেখা
কাছিমের খোলার মত আকাশ উল্টে
দাঁড়িয়ে আছে তার কাঁধে
লাইন অফ অ্যাকচুয়াল কন্ট্রোলে
দিনরাত পাহারায়
সারি সারি সরলবর্গীয় উদ্ভিদের সাথে
বরফের জঙ্গলে তারা তাঁবু খাটিয়েছে।

দেবদারু, শিশু, ফার, পাইনের বাহিনীতে
কারা গো রাম, কারাকোরাম
কারা রহিম ?
এই তো কাদামাখা অগ্নিপথ
এই তো অহংকারী রক্ত পদচ্ছাপ।

কোথায় চলেছে এই পথ ?
কারা এই পথচারী টাইগার হিলস, জুবার হাইটস ?
অথচ প্রতিটা পাহাড়ে দেখি র‍্যাডক্লিফের নাম।

যে দিকেই তাকাই
নিজেরই পর্বত ভেঙ্গে
দুরমুশ করে চলেছে পাহাড়ি গ্রাম
নিজেরই বক্ষে ভেঙ্গে বরফের চাংড়া
বেলচা, কোদাল, বাটালি নিয়ে কোমল দুহাতে
ফি-বছর অবিরাম
কাদের ভাঙছ তুমি কারাকোরাম ?

পিপাসিত প্যারাস্যুট

পিপাসিত প্যারাসুটের প্রতিদিনের প্রাসঙ্গিক সুরাপান
ঘুম ঘুম চোখে ঢুলছে
মাতাল বিমান
টানটান শরীর, স্নায়ু-যুদ্ধ, লিঙ্গ উত্তোলন
নেশাতুর যুদ্ধ, নেশাতুর ফৌজি,
নেশাতুর সীমা সুরক্ষা বল
তারপর জীবিত অথবা মৃত ? কী তারপর
হিমায়িত ফ্রি-ফল ।

আকাশটা ছাতাকারে মুঠোর ভিতর
একহাতে রক্ত , অন্যহাতে মাটি
রানওয়ের দুপাশে ইতিহাসের সামরিক ঘাটি,
এভাবে অনেকদিন, এভাবেই অনেক মৃত্যু
এরপর অনেক অনেক অনেক যুগ পর
শ্যাওলায় ঢেকে গেছে জীবাশ্ম প্রস্তর ।

প্রস্তর তাম্র, প্রস্তর লৌহ , কার্বন
তবুও পিপাসিত প্যারাসুট
বার মাস তের পার্বণ ।

সৈনিকের খোলা চিঠি

অরুণ ভোরের তরুণ আলোয় তুষারাবৃত ইন্দ্রজাল
কাল গোধূলি হীরক দ্যুতির দোদুল্যমান নৈনিতাল
দেখতে আমি আসিনি ।

নীচে তরাইয়ের বসন্তরাজ পর্ণমোচী উদ্ভিদে
কঠিন হৃদয় পুড়ে হচ্ছে বাষ্পীয় এক যৌন খিদে
দেখতে আমি আসিনি ।

আমার অঙ্গ সঙ্গ-সাথী গঙ্গা বক্ষ নদী মাঝ
বারবনিতার ফর্সা দেহের বর্ষা ভেজা কারুকাজ
দেখতেও আমি আসিনি ।

অস্ত্র হাতে মস্ত যুবক স্ত্রী বিহীন মাঝরাতে
বন্দি আমি বদনামী হই সমকামীর নীচ হাতে
দেখতে ও তো আমি আসিনি ।

বর্ষব্যাপী হর্ষ মুখে আদর্শ সৈনিক
দাঁড়িয়ে আছে আঁচা হাতে লাইনে দৈনিক
দেখতে তো একদমই আমি আসিনি ।

দেখতে চাই মুক্ত আকাশ, মুক্তি তাদের সিন্দুকে,
যারা করে যুদ্ধ আসল ঢাল তলোয়ার বন্দুকে ।
যাহাদের বাহুতে বাট, মুখে টোটা, দু পায়ে গাম-বুট,
তাদের চাই অস্ত্র থেকে, বস্ত্র থেকে, ত্রস্ত পায়ে ছুট ।

আমি চাই আমার প্রেমের যৌনতা -
মুখ্য আমার তরুণ বয়স, রাষ্ট্রের কাছে গৌণ তা ।

কিনেছ সমস্ত কি সস্তা পেয়ে , আস্ত বোকা হাঁদা
রাজা জী, কেন তবে আমার যুদ্ধে তোমার স্বাধীনতা ?

চোলি কে পীছে ক্যা হ্যায়

বারুদের বাদামী ধোঁয়া বাঁচিয়ে
শ্রাবণের যে রামধনু রাঙালো আকাশ,
সেই রঙে রাঙিয়েছিলাম এই চোলি তোমার জন্য, সাগরিকা
তুমি বলেছিলে, ডালিমের কোয়া ছুঁতে হলে ঠোঁটে
সাতরঙা চোলিতে সাজাতে হবে তোমার মুখাবয়ব।
ফুলে ঢাকা পালঙ্ক সজ্জায় আমার গর্বিত চোখের সামনে তুমি
উন্মোচিত করবে বিশ্ব।
তোমার বুকের আতর গন্ধে আমার গায়ে মাখা বারুদের গন্ধ
দূরীভূত হবে ভেবেই, এই চোলিতে লিখেছিলাম
'সত্যমেব জয়তে'।

আমার বুকের মাঝখানে জিভ রেখে, প্রেমের বিষ মাখিয়ে
বলেছিলে, যেখানে রয়েছে তোমার হৃদয় --
কিস্তোয়াড়ের পথে রামবেন ক্যাম্পে,
সেখানে ছুঁয়ে গেছে মুক্তির বিস্ফোরণ,
মাথার উপর দিয়ে বয়ে গেছে আর ডি এক্সের ঝড়
চোখের পাতায় বসেছে টি এন টির আধপোড়া কালি
বুকের এখানে এখন ফেটে যাওয়া বুলেটের নীল ঘা।
সেই ক্ষত,
উর্দির অজীর্ণ ঘামে মাখা মাখি হবে বলে
সেই চোলিতে ঢেকে দিয়ে গিয়েছে কারা।

বারুদের বাদামী ধোঁয়া বাঁচিয়ে
শ্রাবণের যে রামধনু রাঙালো আকাশ
ওই রঙে রাঙিয়েছিলাম এই চোলি, তোমার জন্য সাগরিকা
তা এখনো আমার বুকের উপরে।

শুধু,
রক্ত আর পুঁজে বিবর্ণ হয়ে যাচ্ছে
'সত্যমেব জয়তে'।

যখন পড়বেনা মোর পায়ের চিহ্ন

উড়ানে মিশে গেল একদল রামধনুর ঝাঁক
লুব্ধকের তীব্র আবেগে ছিন্নভিন্ন আকাশে তখন আলোকের জটলা
বেনীআসহকলা...

দীপ ছিল শিখা ছিল বুকে জ্বলে জ্বলে উদাসী
কথা ছিল দেওয়া, ভাষা ছিলো সর্বনাশী
আমার প্রিয়ার হাতে
ফিল্ড এরিয়ার স্ট্যাম্প মারা ফ্রি ইনল্যান্ড
"মিগ ২১ ক্রাশড" ।

মেঘের আড়ালে দেখেছ তোমরা আধ ফালি চাঁদ
হাজার সিনে তারকাদের মাঝে টাই টাই প্রেক্ষাগৃহ
ছায়াপথে মিশে যাওয়া অগ্নি বিন্দুর
আত্মার সমাবেশ ?

দিবস ছিল , অন্ধকার রাত্রির বুকে মিশে যাওয়া
মধু ছিল অনাস্বাদিত ,মধুচন্দ্রিমায় খেতে চাওয়া
বট ছিল, বটের পাতায় ছিল সবুজে ভরা বসন্ত
মুকুল ছিল, ফুটত হয়তো কলি
ঐ আসে ঐ বুঝি , উড়ে আসে অলি...

ব্যাস, ওইটুকুই তার আলো যাপন
বাকি সব অন্ধকার !
ঐ দেখ, ছত্রভঙ্গ নক্ষত্রদের পশ্চাদপসরণ
ডানা ঝাপটায়ে ঘরে ফেরে পরাজিত মেঘ
মিলাচ্ছে রামধনু সন্ধ্যার আকাশে
আমার চিতার সর্বগ্রাসী আলোক উৎসবে !

ওরা মার্চ করে

ধমনীর স্রোতধারায় যে রক্ত
মানুষের হৃদয়ে আনে উচ্চ অভিলাষ
অর্থ, প্রেম, খ্যাতির চুড়ায় কীর্তিময় জীবনের গতি
ভালোলাগা অনুভূতি
ছোট বড় দুঃখ ব্যথা, আবেগী অভিমান
হৃদয়ে হৃদয়ে মিলে বিস্মিত অনুরণন
না-বলা ভাষা, সহস্র গল্প ও কথা
কণ্ঠ মিলিয়ে বলায়
কাহিনী, কবিতা ।

মৃত্যুর চিতাকাঠ
প্রেমিকের ব্যর্থ প্রেম-নিবেদন
শিল্পীর ক্যানভাসে,
নীলাভ চোখের পাতায় অশ্রু থেকে ঝরে পড়ে
নারীদের সয়ে যাওয়া অলেখা রোদন
কিংবা বিগ্রহ বন্দনায়,
ভালোবাসার পূজায় বা
ঈশ্বরী ভাবনায়
প্রাকৃতিক সৌন্দর্যে মিশে হেমন্তের বাতাসে
কবিরা ফিরে ফিরে আসে ।

যেদিকে তাকাই
মানুষের প্রেম দেখে মুগ্ধ হয়ে যাই
সবুজের উপরে নীলাকাশ, উল্টে চাল
বীজখেতে পড়ে আছে চাষিদের হাল
এভাবেই
পৃথিবী জুড়ে, পাকে ধান
ঘরে আসে সোনালী সন্তান
শান্তির স্বস্তিকা আনে শিশুর আগমন
সামাজিক জীবন গড়ে সুখী গৃহকোণ ।

জীবনের ধারা, গৃহ, সমাজ, কাল ও আজ
এক সামরিক সীমানায় ঘেরা
প্রতিপদে মেলানো এক ছন্দময় কুচকাওয়াজ
দেশকে ঘিরে আছে একদল প্রহরী সেনা
রোদ ঝড় বৃষ্টিতে ঠায় দাঁড়িয়ে
সামাজিক জনতা ওদের কখনো
খবরও রাখে না ।

ওরা চিরকাল
যুদ্ধ লড়ে, হয়ে থাকে ঢাল
শত্রুর তীক্ষ্ণ তরবারির সামনে বক্ষ চিতিয়ে করে
জনতাকে আবডাল...

ওরা মার্চ করে
সামাজিক জীবনের কুটির বানাতে
বাঁশ - খুঁটির কাজ করে।

অশ্বখুরে উড়িয়ে দিয়ে শত্রু মুখে ধুলো
গুড়িয়ে দিয়ে হিংস্র বর্বরতা
সাম্রাজ্যবাদীর পাঞ্জা থেকে
ছিনিয়ে আনে স্বাধীনতা ।

ওরাও কাজ করে,
রাজপথে ,রাজ দরবারে
জল স্থলে, অন্তরীক্ষে, জঙ্গলে পাহাড়ে
এদেশে, বিদেশে, শান্তিতে যুদ্ধে, রোদ জল বৃষ্টিতে
পরীক্ষাগারে, রাসায়নিক সৃষ্টিতে ।

একদিন রাজছত্র ভেঙ্গে পড়ে
মহা-অহংকারী অর্থনীতি চুরমার
রাজনেতা এসে বেদখল করে

সমস্ত মানবাধিকার...
জনপথ লুটিয়ে যায় , মুছে যায় গোধূলি
রক্ত রাঙা আকাশে
বিলীন হয়ে যায় কাহিনীগুলি,
এ সবও একদিন হারিয়ে যায় কালের অন্ধকারে
হিংসার ছিটা লেগে রক্ত হয় লাল
এমনিই গড়িয়ে যায় দিন, মাহিনা, সাল,
রাঙিয়ে যায় রণভূমির মাটি
কলিঙ্গ, বক্সার, পানিপথ, তরাইন,
পলাশী , হলদিঘাটি ।

ঘোড়ার খুরে উড়ে গেছে পথরেখা
জন্ম নিয়েছে দেশ, সাম্রাজ্য , এঁকেছে মানচিত্র
নবতর সীমানা হয়েছে লেখা
পাহাড়ের খাঁজে খাঁজে জমে জমাট রক্ত,
কৃষ্ণ ও কঠিন
দিগ্বীজয়ী হিংস্র শত্রুদের আক্রমণে দিনদিন
বর্ষার আবহাওয়া
আর্দ্র খাইবার গিরিপথ
দুর্গম গিরি চট্টান দাঁড়িয়ে
প্রতি বাঁকে জনপদ ।
প্রতি বাঁকে উঠেছে রক্তিম সূর্য, হয়েছে জনজাগরণ,
রাজপথে বিজয় মিছিল
পথ হয়েছে আরো লবণাক্ত,
কর্দমাক্ত ও পিচ্ছিল।

এই গিরিপথ ধরে, হেঁটে এসেছে
লেফট রাইট লেফট রাইট
সেনা ও সেনাপতি
ডেকে এনেছে ওদের
মহাকাশের এক, কালো মহাকাল গতি
এক মহাযুদ্ধের পরিণামে--এই মহাকাশতলে

মিশে গিয়েছে ওরা, রণভূমির বুকে
পৃথিবীর কাদাজলে।

ওদের বিজয় রথ
পায়ে গুড়িয়ে বন্ধুর ভূমি
বন্ধু করেছে পথ।

হিংস্র অন্ধকার ঠেলে, চোখে মুছে স্বপ্ন-ঘুম
জনপদ দেখবে বলে প্রশান্ত প্রভাত,
সীমানার পারে ওরা তাই টহলদারিতে
মার্চ করে সারারাত।

ছাউনি থেকে ছাউনি, সীমানার সীমা ছাড়িয়ে,
শত শত রক্তাক্ত রণাঙ্গন মাড়িয়ে,
লেফট রাইট লেফট, দিন রাত অষ্টপ্রহর , গ্রাম ও শহরে
ওরা মার্চ করে।

দম

অ্যাংকলেট বুট পায়ে জমেছিল এতদিন যতটা মার্চ
হাঁটছি আর হাঁটছি,
হয়না শেষ তবু লেফট রাইট লেফট
এই যুদ্ধের জয় নাকি আনবে স্বাধীনতা,
হয়ত আনবে একদিন ।
আমাদের তবু
ঘড়ির কাঁটার মত
শুধু ঘুরে যাওয়া যান্ত্রিক
দুপায়ে জমানো মার্চ শেষ হয়ে গেলে
আবার ভরে দেওয়া হবে 'দম'...

তাকাই সম্মুখে বিস্তর প্রান্তর
সময়ের সমতলে দ্বিমাত্রিক আমাদের প্রপিতামহগণ
কালের ঊর্ধ্বে ওরা ওঠায়নি মাথা
আরো দূরে , বহুদূরে মহাকাশ পারে
ওদের সহোদর বুঝি এমনি আগ্নেয়গিরি
ধোঁয়া ভরা আগুনে লাভা উগরায়...
আল্পসের পাদদেশে জিউসের সিংহদ্বার
ম্যাসিডোনিয়ার রণভূমি পার হয়ে
উঠে আসে অ্যালেকজান্ডার
উঁচু শির, ঋজু দেহ, লৌহ কঠিন পদযুগলে
ধেয়ে আসে ওরা লেফট রাইট লেফট
র‍্যাংক ও ফাইলে ।

শতদ্রু দাঁড়িয়ে দেখে,
দুচোখ ডুবিয়ে দেখে সিন্ধু খরস্রোতা
রোদ-ঝড়-বৃষ্টি নিয়ে, ওদের ক্লান্ত দুপায়ের হাঁটা
করেছে মার্চ ওরা বর্ষার রণভূমি জুড়ে
পৃথিবীর জল কাদা লেগেছে শরীরে ।

দু চোখে ঘুমাবার স্বপ্নে
সামাজিক জীবন ডুবে গেছে কখনো ইতিহাস ঘুমে
ঘুম থেকে জেগে কখনো
পানিপথ সেজেছে আবার কুচকাওয়াজে
সমরসজ্জায় সৈন্যবাহিনী
তরাইন ধুয়ে বর্ষা এনেছে দুজোড়া বিশ্বযুদ্ধের কাহিনী
যুদ্ধ দেখেছে যুদ্ধ প্যারেড, যুদ্ধ পারমানবিক
মানুষ দেখেছে প্রাণীদের ছোটা, প্রাণপণে চারিদিক
দিকবিদিক শূন্য করে হতভম্ব হাহাকার
সৃষ্টির বুকে আগুন জ্বালিয়ে পদাতিক অহংকার
হাঁটছি তবু আমরা সৈনিক পৃথিবীর বুকে,
মহাশূন্যে আমাদের হাঁটা
সামরিক জীবন সামাজিক মার্চে মিলিয়েছে দুই-পা ।

চন্দ্রপৃষ্ঠে হাঁটছি আমরা , পায়ে জমে আছে পথ
প্রতি সাম্রাজ্য দিবারাত্রি প্রতি শতাব্দী গড়ে তুলি জনপদ
আঁধারের বুকে প্রাণীদের সাথে প্রাণীদের সংগ্রাম
প্রতিটা প্রজাতি যোগ্যতমের উদ্বর্তনে হাঁটলাম ।

হাঁটা তো অনেক হলো, থামবো কখন
প্রতিটা শতাব্দী তবুও খুঁজে যায়, মানুষের বিবর্তন
নক্ষত্রের মৃত্যুর সাথে হয়ত থেমে যাবে হাটাও একদিন
হয়ত বা আবার কোন দিন, কোন গতিরথ
নতুন সময় স্রোত, নতুন উদ্যমে এক নতুন জীবনপথ
নতুন টাইম, নতুনতর এক ডেট
ঘড়ির কাঁটার মতো দম দিয়ে আবার শব্দ করে চলবে
লেফট রাইট লেফট, লেফট রাইট লেফট ।

ভূস্বর্গ কাশ্মীর

ক্যা রূপ নিখারা হ্যায়......
অন্তরাগের সৌন্দর্যে ফেটে পড়েছে শৈলশ্রেণী
রাগ আর রাগিণীতে ধ্বনিত উপত্যকা ।

গোধূলির রক্তিম আকাশ ঘুমিয়েছে
অল্টোকিউমুলাসে ভেজা সৈনিকের চোখের পাতায় ।

বুদ্ধ, বিকাশ যদি একবার এসে দেখে যেত!
মাটি মায়ের দিব্যি, এমন সৌন্দর্য চিন্তায় কেন
পৃথিবীর কোথাও আমি দেখিনি

রৌদ্রে সারাদিন উড়ে উড়ে মাতাল বাতাস
শ্রান্ত হয়ে থমকে এসে দাঁড়িয়েছে কোকের-নাগের ঝুটিতে ।

স্বর্গ-রশ্মি চুইয়ে ছুঁইয়ে ঢুকে যাচ্ছে
সিয়াচেনের নসঃনালিকায়
চারিদিকে জীবনের সমুদ্র সফেন
পূর্ণেন্দু, শঙ্খ, নিদেন পক্ষে জয়
যদি একবার এসে দেখে যেতে পারত ।

নতুন মলাটে জীর্ণ কাহিনী
ব্রান্ডেড বোতলে পুরানো ওয়াইন
টুরটুক , ড্রাস , কার্গিল, উরির উপত্যকায়
বরফের চাংড়ায় প্রতিবিম্বিত হয়ে আসছে
কামানের আলোক ঝলকানি !

ও কালো বউ , কার জন্য তোর শংখধ্বনি ?
কার লাগি জ্বালা তোর সাঁঝের প্রদীপ ?

তোর রোমান্টিকতম স্বপ্নে জ্বালানো
সেই সাঁঝের বাতি আর তার রাঙা আলোক
মৃত্যু রঙে হলুদ হয়ে যাচ্ছে আজ...
আঃ হাঃ হোয়াট এ বিউটি!!

তোমরা যদি সবাই একবার এসে দেখে যেতে পারতে।

তোমার পায়ে জমে আছে

তোমার পায়ে জমে আছে মার্চ সীমানার রক্ষা ভার,
বরফ সিক্ত পাহাড়ের বাঁকে বাঁকে
বাম ডান বাম মার্চ করে যাই রাইফেল কাঁধে কাঁধে
স্যালুট করি ত্রিবর্ণ পতাকাকে ।

না পাওয়ার ব্যথা রাত নীরবতা বুক বেয়ে ওঠা হাই
তাঁবুর ভিতরে মদিরার শিখায় জ্বলে পুড়ে হয় ছাই,
ফৌজির কানে গানে গানে কোন ভ্রমরা গিয়েছে কয়ে
বারুদের ভাষা মিঠা লাগে বড়, ভালোবাসা যায় হয়ে ।
হিমেল আঁধারে শত্রুর বুকে মুছে ফেলে গ্লানি ক্লেশ
রাত্রির চোখে শিশির বুলিয়ে ঘুমিয়েছে সারা দেশ ।

কোথায় বা দেশ, কার কেনা মাটি, কোন সীমানার রেখা ?
শহীদ-মৃত্যু হাতছানি দিয়ে ডাকে,
পাই বা না পাই মার্চ করে যাই লেফট রাইট লেফট রাইট
স্যালুট করে ত্রিবর্ণ পতাকাকে ।

ইটিআই-জালাহাল্লি

[সেই ১৯৯৩, ১৬ ফেবরুয়ারী । এমসিও এক একট্রেন বগি বুক করে দিয়েছিলো, ছুটে চললাম জালাহাল্লি, ব্যাঙ্গালোর । মনে পড়ে একটা চিঠির কথা, মিলিয়ে মিলিয়ে ছন্দে অনেক চিঠি আমি তখন লিখতাম । সাথে ছিলো জয়দেব, কুনাল, পলাশ , পুলক , পার্থ, প্রলয়, প্রসেনজিত, ক্ষিতীশ বিকাশ, সুনীল, সুধীর, সন্দীপ ও দেবজিত । বুক দুরু দুরু, আঠারোর ছোঁয়া তখনো অনেকেই পাইনি , নাকের নীচে তখনো ঘাস জন্মায় নি , আমাদের রৌদ্রের সমুদ্রে ফেলে লেফট রাইট করিয়ে নিতো জিটিআই । বাজ্ঞা, আদিত্যেন, সার্জেন্ট মারোয়াড়ী আমাদের কমান্ড শেখাতো । সেইদিন আমাদের কে বেঁধে ফেলল এক অজানা বন্ধনে ।]

বন্ধু

    সুজন সেই আমাদের কিশোর পারে মনের মেলা
দুদিন লাগি ভালোবাসা দুদিন পরেই বিদায় বেলা ।
সেই যে কবে আঁধার পথে ঘর ছেড়েছি একলা পথিক
দূর অচেনার হাতছানি কার আহ্বানে কার নৈসর্গিক ।
জয়দেব কুণাল পলাশ পুলক পার্থ প্রলয় প্রসেনজিত
ক্ষিতীশ বিকাশ সুনীল সুধীর সন্দীপ ওঝা দেবজিত ।
বন্ধু সুজন একলা পথেই সেই আমাদের পরিচিতি
মনে পড়ে প্রথম সেদিন স্বপ্নে ভরা পলতা বীথি ?

হৃদয় নদী উজানে বয় ভাসিয়ে নিয়ে আশার ভেলা
মনে পড়ে অচেনা ঘর অচেনা পথ বিদায় বেলা ?
জীবন চলে এঁকে বেঁকে ঝিক ঝিক ঝিক গরম চায়ে
দিকদিগন্ত ছুটে চলে সার বাঁধা গাঁও ডাইনে বায়ে ।
নদনদী আর দেশবিদেশের বসন আসন বিহার আহার
যায় হারিয়ে একে একে ভাই বন্ধুদের মিল ব্যাবহার ।
এমনি করেই যেন হঠাৎ বুঝে উঠতেই জীবন প্রীতি
দুদিন লাগি পাঠশালায় সেই আমাদের উপস্থিতি ।

সেই আমাদের পথ চলা আর পথের ঢেলা পায়ে ঠেলা
হয়তো পথের ছাউনি তলেই বিদায় নিতে বিদায় বেলা ।
সোনার বিকেল মাটি করে সেই আমাদের রৌদ্রে ছোটা
ঘাসে বসা সাঁঝের কোলে চায়ের আসর জমে ওঠা ।
পাথর বাঁধা একই মাঠে বাম ডান বাম মন্ত্র গাওয়া
একই ঘরে আড্ডা শেষে গভীর রাত্রে ঘুমিয়ে যাওয়া ।
রাত্রি শেষে সেই পুনরায় নবদেশের নিয়ম নীতি
তবু বুকে বিশ্বাসী শ্বাস পেয়ে চলি জীবন গীতি ।

আসা যাওয়া মেলামেশা ভুলে যাওয়া হারিয়ে ফেলা
মনে পড়ে বারে বারে দিবস শেষে বিদায় বেলা ।
জানি না কেউ রাখবে মনে পাহাড় কোলের জীবন খানি
নতুন করে এমন সাথী পাবো আবার তাই কি জানি ?
সবাই যাবে সবকে ছেড়ে সবাই হবে আবার একা
জানি না ফের কোথায় হবে আদৌ বা ফের হবে দেখা ।
যাই বন্ধু যাই, বিদায় বন্ধু ! চিরন্তন এই স্বপ্রতিথি
পুরনো গান স্মৃতিগাঁথার সঙ্গ ছেড়ে চলি
                    ইতি ।

❖   *এই চিঠিটি লিখেছিলাম এয়ারফোর্স ট্রেইনিং এর শেষদিন । যেদিন চোখের
জল সহ পরস্পরের কাছ থেকে ছিলো বিদায় নেবার দিন । কারন ঐ দিন আমরা
ভারতবর্ষের বিভিন্ন প্রান্তে প্রশিক্ষণ শেষে প্রত্যেকেই নিজ নিজ ছাউনিতে চলে
যাই ।*

মাতৃভূমি

এভাবেই কিছুদিন যাক
সিপাহির শরীরে ধুলো জমে জমে ভরাট হোক
নীল বুলেটের ঘা ।
এভাবেই কিছুদিন যাক
যতদিন না , কাদাখোঁচা পাখি এসে ঠুকরে দিয়ে গা
ঘোষণা করেঃ
শাওন এসেছে রে , বাদল এসেছে ।

বর্ষা আসুক এবার যুদ্ধ ক্ষেত্র জুড়ে
নীল আরো নীল
আকাশের আরো গভীরে
মাতৃভূমি শুয়ে আছে গর্ভবতী হয়ে
মৃত্যু - আরো ভয়ানক মৃত্যুর
জন্ম দেবে বলে ।

অ্যাটম বোম

এক ঝাঁক তারা আর এক সন্ধ্যার অপেক্ষা
এক রাত ফুলশয্যার
লাভা উগরে উগরে ভর্তি করে দেব অ্যারোড্রোমের জরায়ু
ঘুম যায় ঐ চাঁদ মেঘ - পরীদের সাথে
কার বাঁশ কার হাতে
ধেনু চরে চেনাবের গিরিখাতে ।

একশো চুয়াল্লিশ ধারা এখানে
নিষিদ্ধ প্রমোদ ভ্রমণ ।
ভালো আছো কুমারী কুসুম মাতৃ জঠরে
ওখানেই ঘুমাও তুমি রক্তিম নক্ষত্র ।

পাছায় বারুদ ঘসে আমরা যারা বেরিয়েছি
কাছা বেঁধে গামছা, স্কন্ধে জাতীয় পতাকা
লেফট রাইট লেফট রাইট
সামাল সামাল রব উঠেছে তোর মনে সই, মোর মনে সই
কার কাঠি কার হাতে
দামামা বেজে চলেছে ঝিলম উপত্যকায় ।

পরম শীৎকারে পৌঁছাবে উচ্চতম অর্গাজমে
পল্লবিত হবে প্রেমের মুকুল
যারা মার্চ করতে করতে দেখেছিল এক চোখ ঘুমিয়ে নেবার
মধ্যাহ্নের আগেই এলো শীতের কুয়াশা
বয়ে নিয়ে এল
তাঁদের শেষ সূর্যাস্তের প্যায়গাম ।

তেপান্তরের মাঠের উপর তখন
রক্তের ছিটায় আগাম গোধূলি
ঊর্ধ্বগগনে সহস্র মাদল
কার চাবুক কার হাতে

মশা মাছি মরে, বিতস্তার খানা খন্দে ।

আর থাকতে পারিনা
স্নেহ অতি বিষম বস্তু
একচুল দূরে,   এক ইশারার ব্যবধানে...
বনমালীগো তুমি পরজনমে হইও রাধা ।

ঘোমটায় মুখ ঢেকে এক ঝাঁক তারাদের মাঝে
ঐ আসে গা গতরে পূর্ণ যৌবনা সন্ধ্যা
নিউকে নিউকে ফাটিয়ে দেব যুদ্ধক্ষেত্রের জরায়ু
লাভা উগরে উগরে বন্যা বহিয়ে দেব
তোমার নাভীতলদেশ
গর্ভবতী করে দেব তোমায় পৃথিবী
অক্ষৌহিণী মৃত সন্তানে ।

আমার কিছুই না

রাখ না চোখ দুটো খুলে
প্যান্টের পকেটে
যদি সামনে এসে দাঁড়ায় প্রেমিকার মুখ ।

লাইন অফ অ্যাকচুয়াল কন্ট্রোলে
বরফের খাঁজে বসে সুইট সিক্সটি নাইন
বাদামী ক্লিভেজের দিকে পিচকারি থেকে ছুটে আসে,
আগুনের গোলার পাহাড়ি রসায়নের
চূড়ান্ত পর্বের খেলা ।

“চার্জ......”
এই, কে আসে ধেয়ে ?
দোস্ত ইয়া দুশমন ?
পাসওয়ার্ড বল , নয় ভাড়মে যাও ।

যদি দোস্ত, তবে ফুলের রঙে রাঙিয়ে দেব তোর কানের দুল
যদি দুশমন, কামানের গোলায় উড়িয়ে দেব
লাল দুপাট্টা মলমল কা ।

আমি সিন্ধুর স্রোতের স্বচ্ছ ধারায় দেখতে পাই
তোমার জন্যই প্রেম
তোমার জন্যই ঘৃণা
আমার কিছুই না, আমার কিছুই না ।

তবু,
সিরো-স্ট্রাটাসের আড়ালে আবডালে
নক্ষত্রেরও বে-জন্ম হয়
ছুটে যাওয়া গরম সীসার গতিবেগে
কি জানি কি আছে সৌন্দর্য
তারা পরস্পর প্রেম করে সম্পূর্ণ হয়

মাতৃভূমির মাটিতে ।

গঙ্গার বিস্তীর্ণ দুপারে অসংখ্য নক্ষত্রের ভিড়ে
ঘাটের কাছে যে সব অক্ষরেরা
খুঁজে চলেছে কবিতার ভাষা
কিউমুলো-নিশ্বাসে আর ভিজিয়ে নিচ্ছে চোখের পাতা
বৃষ্টি হয়ে নেমেছে আজ রণক্ষেত্র জুড়ে ।

আহাঃ , কী হৃদয় জুড়ানো বৃষ্টির আমেজ !
কতোদিন স্নান করিনি, কতো দিন দেখিনি এই শরীর
কতোদিন যেন ঠিক করে ঘুমাইনি
শতশত বছর জেগে থাকা সেই সব পিপাসিত চোখে
আচানক যদি ভেঙ্গে আসে
অ্যারোমাটিক আধো তরল ঘুম...

রাখ না চোখদুটো খুলে
ডোরাকাটা উর্দির পকেটে
যদি সামনে এসে দাঁড়ায় বিবস্ত্র প্রেমিকা ।

আমার কৈফিয়ত

দুহাতে এত ডলেছি মাংস
দুপায়ে এত করেছি মার্চ
দুপাতায় হিসাব অসম্ভব
বে-হিসাব জিন্দাবাদ।

কী লিখি ভাষা জানিনা
কি করি কায়দা শিখিনি
কি বিপদ বেকায়দা ইচ্ছা
বোঝানো মুস্কিল।

কতদূর দিল্লি চলেছি সেই
কতশত হোঁচট খেলাম ভাই
কতগুলি হজম করে গুলি
পেট গুলিয়ে যায়।

ছুঁয়ে যায় রাডারের এন্টেনা
ছুঁয়ে যায় গোলা মাথার চুল
ছুঁয়ে যায় কবিতা ভাবনা
অসহায় এ পেন্সিল।

মাঠে পড়ে ক্ষেত সৈনিক শস্য
মাঠ মাঝে পড়ে সহস্রাধিক লাশ
মাঠ ঘুমায় বুকে সহস্র ক্ষত নিয়ে
ট্রেঞ্চ ভরা ইতিহাস।

উড়ছে ধুলো ট্যাক্সি ট্রাকে
উড়ছে সোনালি ডানার চিল
উড়ছে পত পত পতাকা
কলিজা ফেটে যায়।

এই বুঝি আকাশ ভেঙে পড়ে
এই বুঝি চার্জশীট হয়ে যায়
এই রে ঘুমিয়ে পড়ল গার্ড
পেট বাঁচানো দায় ।

বলিদান আমার স্বাধীনতা
বলিদান অদ্ভুত উদ্ভিদ প্রেম
বলিদান মানুষ জীবন যাপন
প্রাণটা বেচে খাই ।

বাবাগো গেলুম ধর না কেউ
বাবাকে ধরল মায়ের বাপ
বাবারে উউফ কি যৌনতা
কফিন ভেঙে যায় ।

বসেছে বাপে সিংহাসনে
বসেছে সাপের মাথায় তাজ
বসেছে পঙ্গপালের ভিড়ে
পণ্ডিত মহারাজ ।

এমনই রক্ত হল বিষ
এমনই ইগো ভয়ঙ্কর
এমনই আগুন ভরা মাইন
রোমকূপ বিপাশার ।

জ্বলছে গুজনেক হেলিপ্যাড
জ্বলে ছাই উইং স্কোয়াড্রন
জ্বলছে একলব্য একাকী
ভাড়মে যায় দুনিয়া ।

পাছে গুপ্তচর পড়ে আছে
পাছে লোকে কিছু কয়
পাছায় ঘসে এ টি এফ
এয়ারম্যান দৌড়ায় ।

শিরাতে শিরায় ঠাসা বারুদ
শিরাতে শিরায় ভরা আগুন
শিরাতে শিরায় মিশে সুরা
নেশা মৃত্যুঞ্জয় ।

লড়ছে পণ্ডিতের আর সিপাই
লড়ছে জীবনের আর সৈনিক
লড়ছে সৈনিক সাথে মৃত্যু
পাঞ্জা বাজায় তালি ।

কে বোঝে মেরা দেশ মহান
কে বোঝে স্বাধীনতার স্বাদ
কে বোঝে হিন্দু না মুসলিম
সর্বহারা অভিজাত ?

শালারা কজনই বা হবে
শালারা হাতে গোনা আঙুল
শালারা তবুও কি ভাবে যে
আঙুলে নাচায় ?

লুটে খায় ছারপোকা রাজনীতি
লুটে বাড়ে রক্তবীজের ঝাড়
লুটে খায় দেশপ্রেমী বিধাতা
মানুষ খাবি খায় ।

জীবনে মাটি চেটে দেখিনি
জীবনে দেশপ্রেম হলো মিছে

জীবনের স্বাদই আলাদা
সব সাধের বৈরাগী ।

উত্তর খুঁজছে বাগদত্তা
উত্তর দক্ষিণে গেছে বেঁকে
উত্তর প্রশ্নে গেছে ঠেকে
কিংকর্তব্যবিমূঢ় ।

চিমনির মুখে সাইরেন শঙ্খ
চিমনির মুখে হ্যারিসন তালা
চিমনির মুখে ঘি সক্কর
আমরা পায়ুর ভ্রূ ?

মনে হয় কানে আঙুল দি
মনে হয় চোখে ঠুলি পরি
মনে হয় মুখে ঠেসে ধরে
চিরিক চিরিক দি ।

বড় নয় হানাদার শত্রু
বড় প্রেম দেশপ্রেমে বলিদান
বড় দান পেটে পড়লে দানা
উপপাদ্যের মূল ।

বেড়ে চলে যমের মত ভয়
বেড়ে চলে যমের মত খিদে
বেড়ে ভাত খাওয়ার শক্তি নাই
বাড়া ভাতে ছাই ।

ভাগে কার কম পড়ে যায় কী
ভাগাভাগি হিন্দু মুসলমান
ভাগীরথী ভোগ্য সবারই
মিথ্যে দাবিদার ।

মুখে মুখে ওলাওঠা শ্বাস
মুখে ওঠে রক্তবমি আজ
মুখে পচে অজীর্ণ গালাজ
বন্দেমাতরম ।

পাহারা কাকে? বা কার ? কেন
পা হারায় দুপক্ষেরই ফৌজ
পাহাড়ের খাদে খাদে জমে
জীবাশ্ম ইতিহাস ।

মাথার চুল ছিঁড়েছি খুব
মাথাটার ঘিলু পচে সার
মাথাটার সেকেন্ডারি স্লেভে
সিডি ঘুরপাক খায় ।

চলতি কথায় পরোয়া করিনা কারো
চলতি কথায় থুকি রাজার মুখে
চলতি কথায় ফাঁক করে দেব সব
উর্দি মুক্ত হলে ।

থাকি বা না থাকি ফুলি অপস্
থাক পড়ে পরমবীর-চক্র টি ও
থেকে থেকে ক্রিমেশন প্যারেডে
শহীদ হে অমর ?

কুড়ি বছর গারদ সময় কাল
কুড়ি এই হয়ে এলো শেষ
কুড়িয়ে নেবে ইতিহাস
পসথুমাস কর্পোরাল ।

ঝিনুকের মুক্তা

কার্তুজের আগুনে পোড়ে আধ ভাঙা চাঁদ
গ্লেসিয়ারের পারে আগুন যদিও
বরফে বিছানো তার তুলো তুলো মাইনাস ।

আধা তরল ঘুমে
সার বাঁধা সান্ত্রী,
উদ্ধার ফুন্দির উপরে বসেছে ২৩ উইং
এইচ ইউ ডিসপার্সালে
ডিসেম্বরের রাত্রি যেন ডিগবাজী খায় !

এ যেন ভেল্কি, লাগবি তো লাগ !
চমৎকার চমৎকার ! !
অঝোরে ঘুমায় ঝিনুক বিতস্তার কাদায়।

নাইট প্যাট্রোলের হেপ্টর
উড়ে যায় সীমানা পেরিয়ে
ভয়ংকর অন্ধকার ব্যুহ, তোলপাড় নীরবতা
সীমানার ভারে ভাঙে সরলরেখা
পাড় ভাঙে বিপাশার
ঢেউ ভাঙে পাড়ের তবু
ঝিনুকের দু-ঢালের মাংসল আবডালে
সুরক্ষার আড়ালে বেড়ে উঠেছে মুক্তো ।

কার্তুজের আগুনে পোড়ে আধ ভাঙা চাঁদ
লাইন অব অ্যাকচুয়াল কন্ট্রোল জুড়ে
গ্লেসিয়ারের পারে যখন বরফ তুলো তুলো মাইনাস
অঝোরে ঘুমায় ঝিনুক বিতস্তার কাদায় ।

রংগুলি ও পূজা

সোনা সোনা আকাশ
পিতল পিতল গুলি
লাল লাল রক্ত মেখে
ঘুমাল গোধূলি।

সাদা সাদা প্রান্তর
সবুজ সবুজ প্রাণ
বরফে আর পা চলে না
হাতে ম্যাসিন গান।

কালো কালো গর্ভে
আলো আলো বীজ
পূজা আমার সাঙ্গ হল
খোদা হাফিজ।

রেডিমেড সেন্ড অফ

অধৈর্য হবেন না,
অল্প ক-লাইনে শেষ করে দেব এই কবিতা
খুব কি বেশী ব্যস্ততা ? টানাপোড়েন ?
দাঁড়ান না, বেশী সময় নেব না, মাত্র দুলাইন বাকি আর
ফ্রন্ট লাইনের লোডিং শুরু হয়ে গেছে...
আর এই টি , লাইন অব অ্যাকচুয়াল কন্ট্রোলে
শহীদ হতে যাচ্ছে।

পান্তা

এ গল্পটি পান্তা ভাতের পুরানো কাহিনী
জলে ও স্থলে, অন্তরীক্ষে সৈন্য বাহিনীর ।

বাসি থালা, হাভাতে ঘর, পান্তায় নেই নুন
শান্তির অন্বেষণে যুদ্ধ জ্বালিয়ে আগুন ।

নুনের খোঁজে ঝরে গেল লবণাক্ত ঘাম
পাকস্থলী ধুকছে ক্ষুধায় , মগজে সংগ্রাম ।

গুলি বন্দুক ব্যাটেল ট্যাংকি কামানের গোলা
বারুদে আজ রান্না হবে গাছ পটল তোলা ।

মৃত্যুস্বাদে অতৃপ্ত জিভ রক্ত ঝরা লাল
পান্তা ভাতই ছিল ভাল পুড়িয়ে কপাল ।

সিপাহী বিদ্রোহ

দিনকাল বড় গোলমেলে, গোলে গোল গজরাজ
বাতাস ছিদ্র করে ত্রিশূল, আকাশ ছাড়িয়ে আকাশ
রামধনু ছাড়িয়ে অগ্নি আর
যাবি কতদূর ?
মসজিদ পর্যন্ত ?
আর্টিলারি ফায়ারের কালো কালো ধোঁয়ায় মিশিয়ে সালফার-ডাই-অক্সাইড,
হাওয়া খায় পদকর্তা রামায়ণ গানে
ধূম্রকুন্ডলী মোচড় মেরে মেরে
জ্বালামুখে উগরে দেয় লাভা ।

ব্যাটারা খেয়েছিস নুন , গাবিনে গান ?
দেখছ ঘুঘু, দেখ নি ফাঁদ ?
গাঃ , গান গা।
হাওয়া খায় পদকর্তা রামায়ণ গানে

কার্গিল , ড্রাস, টুরটুকের প্রান্তরে,
বরফের চাদর বিছিয়ে টানটান শুয়ে
পাছা উলটে গান গায় শানবাঁধা রানওয়ে ।

বাঁশের খোঁয়াড়, বন্দী বন্দে মাতরম
গান গায় হাতুড়ি ও কাস্তে ।

ও হে পালের গোদা, অর্কেস্ট্রা মাস্টার
আবার বছর কুড়ি পরে
যদি দেখা হয় তোমার আমার
মাইরি বলছি,
ঝলসে উঠবে বেয়নট

ওহে অ্যাডজুটান্ট, কমান্ডিং অফিসার ,
দোষ দিওনা আমায় নায়েক হাবিলদার

ফাটিয়ে দেব শক্তিশেল

গোলায় ফুরিয়ে এলে বারুদ,
বুকে বইছে একগঙ্গা রক্ত
ভরে নেব কামানের ব্যারেল

কিসের কোর্ট, কিসের ট্রায়াল
চার্জশীটের পাতায় পাতায় লিখব ইতিহাসের নতুন কবিতা

সিপাহী বিদ্রোহ।

মান ডে প্যারেড

বায়ে মুড় ! তে চল ! অ্যাবাউট টার্ন এর মত ই
যখন কমান্ড হল - ডিটেল লোড...
এফ. ও. ডি. তে আচমকাই হোঁচট !

ট্যাক্সি ট্রাকে প্যারেড করতে করতে ভুলেই গেছিলাম যে
পৃথিবীর ভোরের বাতাসের সাথে
আমার প্রেম হয়ে গেছিল ।

বায়ে ঘুম ! ডাইনে দেখ্ !
স্যালুট করে ফিরে যায় নির্বাক অতীত
পায়ে পায়ে মার্চে চূর্ণ-বিচূর্ণ করে পৃথ্বী
কোমরে বেল্ট , সার্ভিস ক্যাপ অন
লেফট রাইট লেফট রাইট
'তে চলে' সময় ।

ওরা, আমার বাপ দাদারা ,
হাতে তলোয়ার, বল্গা, জিনের উপর ঘোড়ায় সওয়ার
যারা গোল চক্করের স্ট্যাচু হয়ে দাঁড়িয়ে এই শীতে
আমাদের প্যারেড দেখে পলক ঝাপটায়
চুপিসারে করে নেয় কদম বদল ।

শত শতাব্দীর অভিজ্ঞতা ,ওদের জীবাশ্ম হৃদয়ে
অশরীরী দেশপ্রেম ।

ওদের ইউনিটে,
এই জল কাদা নুড়ি পাথরের প্যারেড গ্রাউন্ডে
আমাদের প্যারেড প্রতি সোমবার...

ওদের বুটের তালে তালে মিলিয়ে যাই পা...
ওদের কমান্ডে, কদম কদম বাড়িয়ে যাই

'বায়ে মুড়', 'তে চল', 'অ্যাবাউট টার্ন' এর মত ই
যখন ওদের কমান্ড হবে

'ডিটেল ফায়ার' ...

প্যারেড গ্রাউন্ডকে পিছে ফেলে
হোঁচট বাঁচাতে বাঁচাতে
মার্চে মার্চে অজান্তেই এভাবে একদিন
পার হয়ে যাব এল. এ. সি.

হয়ত...
আমিও একদিন

পাথর হয়ে যাব শহীদ মিনারে।

প্রেম ? সে এক স্বপ্ন

ভয় হয়, যদি ফিরিয়ে নাও ঠোঁট !
আমার মুখে তো টোটা ছেঁড়ার বারুদ বারুদ গন্ধ
ভয় হয়, যদি হাত থেকে সরিয়ে নাও হাত !
আমার হাত তো কর্কশ ও কঠিন,
বন্দুকের বাটে বাটে, কঠিন ঘর্ষণে
কড়া পড়ে পড়ে শক্ত।

প্রেম অন্যভাবেও করা যায় - প্লেটোনিক লাভ
বুকের উপর এক বিঘত জমি,
ফসল ফলান যায় বীরুৎ উদ্ভিদে ...
টি আর ইউ এর রাডারের স্কোপে তবু
অগণিত ক্লাটারের মাঝে তোমার চোখ , মুখ, শরীর ভেসে উঠলে
ফ্র্যাংক্লি স্পিকিং, মাংসের লোভ হয় !
ভয় হয় যদি ফিরিয়ে নাও চোখ
আমার চোখে তো অ্যাজিমাথ , রেঞ্জ, বিয়ারিং
এয়ারক্রাফটের ইকো
আননোন হোস্টাইল ট্রাক ।

এমনি করেই রাত ভোর হয়,
এমনি করেই রাত পক্ষ মাস
এমনি করেই কালো রাত্রির মাস পেরিয়ে
বছর, দশক ।

মানছি, এ জীবনটা মাটি,
এ দেশের প্রতিটা বিন্দু ধূলিকণা আমার মা,
তা বলে আমার শরীর ? আমার যৌনতা ?
আমি তার কেউ না ?

সমস্ত দিনের শেষে সন্ধ্যাতারা উঁকি মারে
গার্ড পোস্টের মাথার উপর

মদিরার গন্ধে মাতাল হয় পূবালী হাওয়া
আদিম তৃষারা হানা দেয় শুষ্ক ঠোঁটে
কিংবা রাত্রি গভীর হলে
শীতল বালিয়াড়ির আবছায়ায় তপ্ত হয় বুক -- সমস্ত রক্ত
সমস্ত শক্তি দুমড়ে মুচড়ে বিদ্রোহী হয়ে ওঠে
তোমাকে খুব কাছে টেনে নিতে ইচ্ছে হয়,
ভালোবাসতে ইচ্ছে হয়
ভয় হয়, যদি ফিরিয়ে নাও বুক !
আমার বুকে তো দগদগে
বুলেটের নীল ঘা।

ভয় হয়, যদি ফিরিয়ে নাও মুখ !
আমার মুখে তো বারুদ বারুদ গন্ধ...

ঘরে ফেরা – ৯৮

ছুটি ছুটি করে হঠাৎ ছুটি হয়ে গেল।

এমন ভাবেই কত বছর দেওয়াল পিছনে ফেলে
দেরি হলেও অবশেষে সত্যিই ঘরে ফেরা
সাঁঝের আকাশ লাগলে আঁধার, প্রদীপ রেখো জ্বেলে।

হারায় নি কিছুই, মাগো,
ছেলে তোমার যেমন ছিল তেমন আছে ঠিক
যেমন ছিল নাক, কপাল ছিল বিরাট,
বলত পাড়ার সবাই মিলে,
ছেলে রাজ-পুত্তর বটে।

কালের ঘোড়ার লাগাম তাই আজ রাষ্ট্র-রাজের হাতে
জ্যোৎস্না-ভেজা বরফ পথে চলছে জীবন-রথ
নীহারিকার কালো হিমে আলো হব বলে
বিশ্বাসী বুক পায়ে দলে সেই হারালাম পথ।

চাকরি হল আমার,
প্রতিদিনের ভোরের বাতাস বিক্রি হল আমার !

অবিশ্রান্ত লেফট রাইট লেফট রাইট,
কদম কদম বাঢ়ায়ে যা...

(ভাষ্যঃ জাড্যকঠিন শরীর আমার
সরলরেখায়
নিউটনের দ্বিতীয় সূত্র মেনে
চিরন্তন একই গতিবেগে গড়িয়ে চলে)

আমি, গ্রহ হতে চাইনি মা
সূর্য রঙে রাঙা হয়ে নিত্য গতিপথে

আবহমান কালের চাকায়
ঘুরতে আমি চাইনি মা।

(ভাষ্যঃ ওরা মন্ত্রপুতঃ যন্ত্রনরের দল
বন্ডে চাপা নথির নিচে ইঁদুর মারার কল)

বেলা বুঝি গেল,
আমার সন্ধ্যা হয়ে এলো, মা !
সারাদিবস যুদ্ধ শেষেও ছুটি দিল না।

তবে
রাজপুত্র হতে হবে যে !

বীরের ধর্ম বীর্য !
মার কোল থেকে লাফ দিয়ে উঠে ছিঁড়তে হবে যে সূর্য !
পিতার হাতে দিতে যে হবে তুলে
বিজয়ের পথে কুড়িয়ে নেওয়া সোনার ঝাঁপি খুলে ।

(ভাষ্যঃ অস্ফুট শব্দে আচমকাই কেঁপে উঠল পৃথিবী
লালাশূন্য বন্ধ মুখে অসংখ্য শব্দ
জাতীয় পতাকা বুকে গেঁথে হঠাৎই স্তব্ধ হয়ে গেল)

নিঃশ্বাসে আজ ভরে নিয়েছি তেজস্ক্রিয় বিকিরণ
মগজের ঘিলুতে এটাক সফটওয়ার
শিরায় শিরায় এভিয়েশন ফুয়েল ...

আকাশ পথে তাকাও মা, আমি আসছি...

যেন কত বছর হল
ছুটি ছুটি করে হঠাৎ ছুটি হয়ে গেলো।

গ্যারেজে সাইকেলদের সাথে এক সন্ধ্যা

গ্রাউন্ডেড ক্যানবেরা কে সালামী সাজে স্যালুট করে
ঠ্যাঙের পরে ঠ্যাং তুলে
দেয়ালের গায়ে গা মিশিয়ে
দাঁড়িয়ে আছে
ঐতিহাসিক পালাম সিনেমার সাইকেল গ্যারেজ।
আনাগোনা প্রতিদিন এক কন্টিজেন্ট তরুণ এয়ারম্যানের
সাইকেলের বিশ্রামাগার, যেন এক আড্ডা, মজলিশ
বি এস এ - এস এল আর, হিরো , অ্যাভোন, হারকিউলেস
রিমের ছড়ে যাওয়া ঘায়ে
ছেটানো মোবিল,
রানওয়ের এফ ও ডি তে হোঁচট খেয়ে ছিঁড়ে যাওয়া
ফাটা টায়ার, ঋজু হ্যান্ডেল ।
হারকিউলেস তাকিয়ে সহযোদ্ধা অ্যাভোনের চোখে

"এ শীতের শেষে সত্যিই কি ছুটি পাবো বসন্ত-পরবে ?
নাকি বরষার কাদা-জলে শেষ হবে
আমাদের জমানো ছুটি ?"

ঢং ঢং ঢং ঢং শেষ হল সিনেমা , যুদ্ধ শেষ হল ।
ক্ষতবিক্ষত পুড়ে যাওয়া চামড়ার সিটে
এখনও কিশোর ছোঁয়া লেগে শিহরণ জাগে,
নাইট শোর গুটিকয় ব্যাচেলর ফৌজির চোখে
প্রতিদিনের মেনু আঁকে
'এ' মার্কা ছবি ।

ভুঁড়িওয়ালা ওয়ারেন্ট অফিসারের সাইকেল
বসে গেছে যে সিট, প্যাডেলে পড়েছে বহু দিনের হতাশার চাপ,
সতীর্থ হিরো রেঞ্জারের চোখে দুখীআত্মা এটলাস খোঁজে
সোনা রোদ সহমর্মিতা ।

"গুরু... যা শট দেখলাম
পিতলের গুলির মত মসৃণ শরীর"

শ্বেতকায় অভিনেত্রীর শরীরের ভাঁজে
যেন লেখা আছে ধেয়ে চলা গতি
স্বপ্ন মাখা অমোঘ শারীরিক ।
ভারি হ্যান্ডেল, স্টীল বেল , গোল্ডেন কালার ফায়ার ফক্স
চোদ্দ পেগ গিলে গুরুগম্ভীর
গলা চড়িয়ে সর্দার এম ডব্লিউ ও-র অকস্মাৎ কম্যান্ড হলো

"আটেনশন!"

জামা, জুতো, টুপি, বেল্ট, নেম প্লেট গুছিয়ে
সারি সারি সাবধানে
ফাইল ও রাংকে দাঁড়িয়ে গেল
হিরো , অ্যাভোন, হারকিউলেস, এটলাস, বি এস এ, ফায়ার ফক্স ..

"কন্টিজেন!
ওই শ্বেতকায় নায়িকার যা আছে,
তা আছে আমারও প্রেমিকার ।
ঐ কোমর, ঐ নিতম্ব, নাভির নীচে বিষাক্ত নদী "

জ্বলজ্বলে চোখে সবার শরীরী যৌন ভাষা,
দেশপ্রেমী রোগ উসকায়, এম ডব্লিউ ও বলে চলে

"আমার প্রেমিকারও আছে ঐ বক্ষ, ঐ আঁখি, উত্তপ্ত ওষ্ঠ
সুতরাং কদম তোল
বাঁয়ে দেখ, তে চল..."

ঘাড় নেড়ে স্যালুট করে তিন র্যাংকের ফ্লাইট
আধা ডাইনে মুড়ে
ছত্রভঙ্গ হবার আগে

সমস্বরে সমস্ত সাইকেলগুলি চেঁচিয়ে বলল
এই কথাগুলি

"তবে কেন এই রক্তক্ষরণ
কেন এই বুট পায়ে প্যারেড গ্রাউন্ড, কেন হাতে মেশিন গান ?
কেন এই রণাঙ্গন , বিমান উড্ডয়ন ?
কেন এই বসে থাকা যুদ্ধের অপেক্ষায় ?
চলো চলো চলো
আপনা আপনা কামপর সংস্থান "

মুহূর্তে রাত্রির বুক বেয়ে নেমে আসে অশরীরী নীরবতা
গলা বুজে আসে ফিসফিসানি আর্দ্র বাতাসের
ছত্রভঙ্গ ভিড়ের দিকে তাকিয়ে থাকে বাকরুদ্ধ অন্ধকার।

ঠ্যাঙের পরে ঠ্যাং তুলে
দেয়ালের গায়ে গা মিশিয়ে
'সালামী সাজে' স্যালুট করে
নির্বাক দাঁড়িয়ে থাকে
ঐতিহাসিক পালাম সিনেমার সাইকেল গ্যারেজ।

টিকাঃ

ওয়ারেন্ট অফিসার - প্রাথমিক কমান্ডার
'বায়ে দেখ' - মার্চ করতে করতে বাঁ দিকে তাকানো
'ডাইনে দেখ' - মার্চ করতে করতে বাঁ দিকে তাকানো
'সাবধান' - মার্চে সোজা দাঁড়ানো
'তে চল' - মার্চ শুরু করার কমান্ড
'আপনা আপনা কাম পর সংস্থান' - ছত্রভঙ্গ হবার কমান্ড

'সালামী সাজ' - সর্বোত্তম স্যালুট

'ডিটেল লোড' – অস্ত্র চালনা শুরু করার কমান্ড

'ডিটেল ফায়ার' – গুলি চালানোর কমান্ড

'কদম-বদল' – এক পায়ে দাঁড়িয়ে থাকার পর পা বদলে নেবার কমান্ড

আধা ডাইনে মুড়ে - বিশেষ প্যারেড ভঙ্গি

র‍্যাংক – সামরিক সজ্জার আড়াআড়ি লাইন

ফাইল - সামরিক সজ্জার পাশাপাশি লাইন

এম ডব্লিউ ও- ওয়ারেন্ট অফিসার এর থেকে এক র‍্যাংক বড় অফিসার

এয়ারম্যান - বিমান বাহিনীর সৈন্য

বিলেট – এয়ারম্যানদের শোবার জায়গা

এ টি এফ – এভিইয়েশন টারবাইন ফুয়েল

এল ও সি   - লাইন অব অ্যাকচুয়াল কন্ট্রোল, ভারত ও পাকিস্থানের মধ্যেকার আন্তর্জাতিক লাইন

পরম বীর চক্র – সামরিক বাহিনীর সর্বোত্তম সম্মান

অতি বিশিষ্ট সেবা মেডেল – একটি সামরিক মেডেল

ক্লাটার – রাডারের পর্দায় অবাঞ্ছিত ইকো

ইকো – রাডারের পর্দায় উড়োজাহাজের প্রতিচ্ছবি

অ্যাজিমাথ – ডিগ্রিতে কোন মাপা হয়

রেঞ্জ – জাহাজ টি কত দূরে আছে অন্য অর্থে যেখানে ফায়ারিং প্রাকটিস করা হয়

আননোন ট্রাক – অচেনা উড়োজাহাজের পথ

হোস্টাইল ট্রাক – শত্রুপক্ষের জাহাজের পথ